SÍMBOLOS

SÍMBOLOS

DESCIFRAR Y LOCALIZAR MOTIVOS MÍSTICOS Y ESPIRITUALES

BLUME

TONY ALLAN

BLUME

Título original:
The Symbol Detective

Traducción:
Enrique Herrando Pérez

Revisión especializada de la edición en lengua española:
Pablo Romagosa Gironés
Antropólogo

Coordinación de la edición en lengua española:
Cristina Rodríguez Fischer

Primera edición en lengua española 2009

© 2009 Naturart, S.A. Editado por BLUME
Av. Mare de Déu de Lorda, 20
08034 Barcelona
Tel. 93 205 40 00 Fax 93 205 14 41
e-mail: info@blume.net
© 2008 Duncan Baird Publishers, Londres
© 2008 del texto Tony Allan

I.S.B.N.: 978-84-8076-808-5

Impreso en China

CONSULTE EL CATÁLOGO DE PUBLICACIONES ON LINE
WWW.BLUME.NET

CONTENIDO

INTRODUCCIÓN

Los símbolos son un lenguaje oculto que no funciona por referencia directa, sino más bien mediante un sutil proceso de alusión. Para entenderlos adecuadamente, a veces se necesita un conocimiento de fondo que abarca diversas culturas y varios siglos, ya que puede que se inspiren en historias y tradiciones cuyos orígenes se remontan a la noche de los tiempos. Para averiguar cuáles son sus fuentes, es necesaria una meticulosa labor detectivesca, y este libro pretende servir como guía para ello.

A veces, naturalmente, puede que un símbolo sea tan conocido que su significado resulte obvio para todo el mundo. No hay nada que induzca a la duda, por ejemplo, en cuanto al significado de la bandera de las Barras y Estrellas o de las imágenes que hay en las señales de las autopistas o los paneles de información de los aeropuertos. No obstante, detrás de estas imágenes inmediatamente reconocibles existe un territorio interior poblado por signos y señales más misteriosas cuyo significado pleno no siempre es evidente, incluso cuando su sentido general se reconoce de forma convencional.

De estos símbolos más oscuros trata este libro, que se propone esclarecer algunas de sus inesperadas connotaciones y conexiones. ¿Qué es lo que vincula a los búhos con la sabiduría, por ejemplo, o a las ramas de olivo con la paz? ¿Por qué a menudo se hacía cruzar un puente recién construido a un pequeño animal antes de que ningún humano se atreviera a pasar por él? Cuanto más se remonta al pasado el mundo de mitos, leyendas y folclore al que aluden muchos símbolos, más necesaria resulta una explicación que revele en detalle sus significados secretos.

Muchos de los símbolos de este libro insinúan su mensaje, en lugar de exponerlo de forma directa. En general, tienden a sugerir interpretaciones, basadas en asociaciones, en lugar de abordarlos de forma clara. En ocasiones, las personas que los usaron por primera vez tenían buenos motivos para elegir la clandestinidad en lugar de la claridad. Por ejemplo, los primeros cristianos que dibujaron motivos de peces en las paredes de las catacumbas romanas corrían el peligro de sufrir una persecución brutal si reconocían abiertamente las creencias que simbolizaban sus imágenes.

Para desentrañar las asociaciones de los símbolos más conocidos del mundo, este libro se divide en dos partes principales. La primera trata los distintos tipos de símbolos que existen, desglosados según sus fuentes —por ejemplo, si éstas se hallan en dibujos y formas abstractas o en el mundo natural—. Esta parte también trata algunos de los principales ámbitos simbólicos, como la luz y el fuego, y el tiempo y la muerte. A la hora de describir muchos de los emblemas individuales, hay remisiones que conducen a la segunda parte del libro, que estudia el uso de los símbolos en las religiones y los sistemas de creencias del mundo, que han sido tradicionalmente los que han usado las imágenes simbólicas de forma más extendida y prolífica para transmitir elementos esenciales de su ideología y sus doctrinas. Ésta es la sección que se ha de consultar para averiguar por qué los antiguos egipcios consideraban que el humilde escarabajo pelotero era un símbolo solar, para enterarse de los orígenes gnósticos del conjuro «abracadabra», o para examinar el tridente de Murugan y descubrir por qué es objeto de adoración en templos del sur de la India.

La obra, por tanto, está organizada como un manual de usuario. Todo aquel que desee entender los emblemas externos esenciales de, por ejemplo, el jainismo o la Orden Rosacruz puede buscar la información en la segunda parte del libro. Para saber más sobre el significado de la Cruz Rosada que dio nombre a ese último movimiento, pueden acudir a las entradas sobre la «rosa» y la «cruz», respectivamente, de la primera sección, donde encontrarán material adicional sobre las asociaciones más amplias que tiene cada objeto simbólico.

La obra que tiene en sus manos es una amplia introducción a un mundo de significados ocultos que resulta infinitamente fascinante. Con la intención de entretener e informar, arroja luz, en ocasiones inesperada, sobre muchos detalles del mundo que nos rodea mientras lo vivimos día tras día.

PRIMERA PARTE

TIPOS DE SÍMBOLOS

- -

Los símbolos se dividen en abstractos y físicos.
Todos los lenguajes, por ejemplo, pertenecen
a la primera categoría. Otros, no obstante, poseen
una realidad concreta, aparte del concepto que
representan: una antorcha llameante puede no ser
más que eso, a no ser que estemos en los Juegos
Olímpicos, donde representa el espíritu olímpico.
De este modo, muchos objetos adquieren
significados secundarios que pueden variar
en entornos diferentes. Esta sección del libro
examina algunas agrupaciones habituales.

DIBUJOS Y FORMAS
Componentes esenciales de significado

Prácticamente todas las formas que la humanidad conoce tienen algún significado simbólico, desde el punto (el punto inmóvil del origen y la regresión), pasando por el cuadrado (de cuatro lados, sólido, equilibrado), hasta el círculo místico, entero, que evoca lo infinito y lo universal. Su cantidad es casi ilimitada: un erudito afirma haber reunido 60.000 signos y señales procedentes de todas las culturas del mundo. La manera de organizar el espacio, los dibujos y las formas puede inspirarse en respuestas mentales inconscientes para expresar significados. Así, un triángulo que apunta hacia adelante se convierte en una punta de flecha que indica dirección y movimiento hacia adelante. No obstante, también se pueden expresar conceptos puramente abstractos: piénsese en el símbolo matemático del infinito o el conocido símbolo chino del *yin yang*. Por consiguiente, los dibujos y las formas siempre han tenido una importante presencia en las imágenes religiosas, así como en ámbitos tales como la astrología y la magia.

El círculo

Siempre ha tenido un significado cósmico. Los primeros hombres que miraron fijamente al cielo no sólo observaron el Sol y la Luna llena, sino que también repararon en la rotación de los planetas. Estos primeros astrónomos visualizaron el propio universo como una serie de discos planos o como una esfera. Al no tener principio ni fin, el círculo también pasó a representar lo completo, la perfección y la eternidad. Asimismo, todos los puntos de su circunferencia son equidistantes respecto a su centro, lo que sugiere igualdad y ausencia de jerarquía, como en la Mesa Redonda del rey Arturo, así como inclusión y protección (*véase* el recuadro en página siguiente). Todas estas cualidades confirieron un aura mística al círculo. El folclore tenía sus anillos de hadas, el arte del Neolítico sus misteriosas marcas de copas y anillos. Las *stupas*, santuarios budistas, tienen un corte transversal circular, y los fieles los

EL OJO DE LA PROVIDENCIA
Encerrado en un triángulo, con lo que connota la Santa Trinidad cristiana, el ojo que todo lo ve está presente en la imaginería mormona y masónica, además de aparecer en los billetes de dólar estadounidenses y en el Gran Sello de Estados Unidos (*véase* página 148).

circunvalan como acto de adoración. Los círculos entrelazados son un símbolo de unión, como en el emblema olímpico.

El triángulo

Un triángulo equilátero expresa la reunión de tres partes iguales, cualidad que llevó a que se usara como símbolo de la Trinidad cristiana. Otras religiones también desarrollaron una idea tripartita de la divinidad, que a menudo incluía tres deidades distintas. La *trimurti* hindú combinaba

a Brahma, Vishnú y Shiva, y reunía las figuras del creador, el conservador y el destructor, a veces representadas como un solo ser de tres cabezas. La posterior tradición zoroastrista también reconocía a tres divinidades como *ahuras*, dioses dignos de adoración, mientras que los *wicanos* modernos veneran a una diosa triple, que a veces se interpreta como si incorporase en sí misma tres aspectos de la condición

EL YELMO DEL ESPANTO

El motivo nórdico conocido como el *aejilshir* o «yelmo del espanto», que estaba compuesto por cruces, un círculo o rueda cósmica, y horcas, también invocaba cualidades asociadas con los números tres, cuatro y ocho. El *aejilshir* se mencionaba en las Eddas islandesas como un símbolo que protegía a aquel que lo llevaba puesto y suscitaba miedo en aquel que lo veía. En el arte germánico el motivo se representaba como una estrella de ocho puntas. En ambas regiones los guerreros se adornaban con este emblema como parte de un culto a la invencibilidad antes de entrar en combate, exhibiéndolo en sus cascos o bien en sus frentes. En el ciclo del *Anillo* de Wagner, el casco mágico Tarnhelm se derivaba del *aejilshir*. La mitología nórdica relataba que este símbolo pertenecía a Odín, y había otra historia que explicaba cómo Loki lo había robado del tesoro escondido que custodiaba el dragón Fafnir.

LA CRUZ DE MALTA
Este símbolo, formado por cuatro puntas de flecha unidas por sus extremos, fue el emblema de los Caballeros Hospitalarios, conocidos posteriormente como los Caballeros de Malta.

EL CUADRADO
Cada una de las cabezas de pájaro carpintero inscritas en este gorjal de Mississippi representa una dirección cósmica.

de la mujer: soltera, madre y bruja. El triángulo invertido recuerda los genitales, y a menudo actúa como símbolo femenino.

En general, el simbolismo religioso del triángulo hacía hincapié en la estabilidad y el equilibrio. No obstante, por un doble sentido visual, su forma también podía asemejarse a una punta de flecha, lo que sugería movimiento. El *valknut* vikingo, que comprendía tres triángulos conectados (*véase* ilustración, página 11), parece haberse inspirado en esta imaginería para denotar el poder de Odín para liberar espíritus de guerreros. Unos triángulos que apuntaban hacia arriba y hacia abajo eran los símbolos alquímicos de, respectivamente, el fuego y el agua.

La cruz

Ubicua como símbolo cristiano, la cruz nació mucho antes como un signo que denotaba cuartetos: los cuatro vientos, las fases de la Luna, los puntos cardinales. Aparecen formas de cruz en monumentos megalíticos (las líneas cruzadas ofrecen cuatro puntos de dirección). Mientras que el cristianismo hizo uso de la cruz como instrumento de tortura y muerte, otra tradición la vinculaba al Árbol del Mundo o al Árbol de la Vida que conectaba la Tierra con el cielo. Las cruces también podían simbolizar la conjunción o la reunión. El simbolismo chino veía cinco elementos en una cruz, ya que consideraba el punto central como una posición de poder. De igual modo, en todo el mundo la tradición popular otorgaba un significado mágico a los cruces de caminos, que eran invariablemente un lugar de mal agüero. En el mundo clásico, los cruces de caminos eran lugares frecuentados por Hécate, una diosa del averno que vagaba de noche acompañada por espíritus, demonios y perros que aullaban.

El cuadrado

Tanto el sistema simbólico de la India como el de China, dos de las culturas más venerables de la humanidad, empleaban el cuadrado como símbolo para representar la Tierra. El cuadrado simbolizaba la permanencia, el equilibrio, la solidez y el espacio racionalmente organizado. Hoy en día, los urbanistas que gustan del orden conciben las nuevas ciudades en términos de bloques cuadrados y de cruces en ángulo recto, con lo que resaltan lo racional por encima de lo accidental o lo natural en las comunidades que construyen. Por extensión lógica, lo cuadrado también se asocia con la rectitud moral en expresiones del inglés como «a square deal» (literalmente, «un trato cuadrado», es decir, un trato justo).

El cubo

Es un cuadrado en tres dimensiones, y representa los mismos principios que el cuadrado en un grado aún mayor. Sus seis caras son idénticas; cuando dejan de serlo mediante la adición de distintos números o puntos, el cubo se convierte en un dado, símbolo del azar. El cubo también figura como un emblema de centralidad, sobre todo en una de las estructuras más célebremente simbólicas del mundo: la Kaaba en La Meca, centro del mundo musulmán.

El pentagrama

Es posible que el pentagrama adquiriera en un principio su reputación a causa de la astronomía: visto desde la Tierra, Venus parece moverse en torno al zodíaco describiendo un pentágono cada ocho años. La conexión con Venus se remonta, como mínimo, a tiempos babilónicos, cuando el pentagrama se asociaba a Ishtar, que se manifestaba a sí misma en el planeta. Los pitagóricos llamaban al pentagrama *hygieia*, nombre que también se daba a la diosa de la salud, y lo consideraban un símbolo de perfección matemática. Sus discípulos identificaban las cinco puntas con los elementos: agua, tierra, aire, fuego y espíritu. Cornelio Agripa y otros ocultistas europeos reavivaron esa conexión en los comienzos del Renacimiento, allanando el terreno al símbolo en la magia moderna. Mientras que los cristianos lo consideraban

EL HOMBRE PÁJARO
Una imagen de la isla de Pascua muestra a un hombre pájaro acunando un huevo. La figura hace referencia a una competición anual en la que había que ir a buscar a un islote que estaba a cierta distancia de la costa el primer huevo del año puesto por un ave marina. El ganador era coronado como *Tangata manu* («hombre pájaro»)..

una protección contra Satán y el mal de ojo, los devotos de este demonio adoptaron una versión con dos puntas hacia arriba y una cabeza de macho cabrío grabada en su interior como sello de Bafomet, una poderosa fuerza maléfica. Más recientemente, los wicanos y algunos neopaganos han escogido una forma menos maléfica de este emblema, con una sola punta ascendente, como símbolo habitual.

El hexagrama

Formado por dos triángulos equiláteros entrelazados, uno de los cuales apunta hacia arriba y el otro hacia abajo, es más conocido como la estrella de David judía, pero también aparece en decoraciones en contextos musulmanes, hindúes y budistas. Asimismo, los ocultistas lo usaban como talismán y para conjurar espíritus.

EL INFINITO

A las primeras culturas les costaba aceptar la idea de lo infinito. Los chinos, por ejemplo, tendían a sortear el problema usando algún número muy alto en su lugar. El hombre que creó el símbolo (∞) que se usa en la actualidad fue un matemático inglés del siglo XVII llamado John Wallis. Algunas autoridades defienden la teoría de que lo derivó de la letra w (omega), la última del alfabeto griego, pues en el Apocalipsis bíblico Dios dice: «Yo soy el Alfa y la Omega» (*véanse* las letras del centro), para señalar la totalidad de Su creación. Otros, de un modo más prosaico, han propuesto que se trató de una cuestión de comodidad: en la época en la que los cajistas trabajaban a mano, el carácter se podía componer fácilmente colocando un 8 de lado. Una tercera posibilidad la sugiere la palabra *lemniscata* que a veces se usa para referirse al símbolo; *lemniscus* significaba «cinta» en latín, y la figura sugiere una banda infinita.

El huevo

En muchos de los mitos en torno a la creación aparece un huevo, símbolo obvio de la gestación y el parto, en forma de Huevo Cósmico o del Mundo. Los huevos también pueden sugerir un renacimiento, como en la religión mistérica del orfismo o en la costumbre cristiana de dar huevos de Pascua en la estación de la resurrección de Cristo.

La rueda

Como imagen del movimiento perpetuo, la rueda tiene asociaciones muy distintas en diferentes contextos culturales. Los romanos la asociaron con Fortuna, la diosa del destino que tenía los ojos vendados, y crearon la imagen de la Rueda de la Fortuna, en continuo giro. Los budistas veían en ella la Rueda del Destino, rodando a lo largo del ciclo eterno del nacimiento, la muerte y el renacimiento. Otra tradición la veía como un instrumento de castigo: en la mitología griega, Júpiter condenaba a Ixión, por desear a Hera, a pasar la eternidad girando en una rueda de fuego, y en la tradición cristiana santa Catalina de Alejandría escapó por poco de un destino parecido, y prestó posteriormente su nombre al conocido fuego de artificio conocido como «rueda catalina».

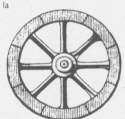

La espiral

En todo el mundo aparecen motivos en espiral como elemento decorativo. Están especialmente asociados al arte celta, y es célebre su aparición en la losa de la entrada del complejo funerario de Newgrange en Irlanda. También aparecen en los dibujos de la Polinesia, especialmente en los tatuajes (véase página 21).

EL CUERPO HUMANO

Imágenes del potencial del individuo

Mediante un proceso natural de asociación, las distintas partes del cuerpo humano pasaron a simbolizar las funciones que se vinculan más habitualmente con ellas. Así, una boca abierta pudo representar el habla o el hambre, un ojo, la vista, y, por extensión, la visión interior. Otras connotaciones eran más misteriosas, como la antigua asociación del cabello largo con la fuerza, como se refleja en la negativa de los sijs a cortarse el cabello o la barba, o en la historia bíblica de Sansón. El cuerpo como un todo podía tener un significado propio. El famoso boceto de Leonardo da Vinci del *Hombre de Vitruvio*, encerrado dentro de un cuadrado y un círculo, pasó a representar no solamente la obsesión del Quattrocento por la proporción, sino también el concepto de la posibilidad que estaba contenida dentro del propio concepto del hombre del Renacimiento. En otros contextos, la desnudez podía implicar o bien los extremos de la carnalidad o bien la inocencia radical.

La desnudez

Símbolo de la inocencia primigenia en la historia del Jardín del Edén, la desnudez fue adoptada posteriormente por sectas como la de los adamitas o la de los dukhobors que trataban de recuperar ese estado. Los *wicanos*, que generalmente realizan sus rituales desnudos, buscan con ello una comunión más estrecha con la naturaleza. La idea de «natural» o «sin adornos» también subyace a expresiones como «el ojo desnudo» o «la verdad desnuda». No obstante, por su capacidad para escandalizar, la desnudez también puede ser una forma de poder. El escritor romano Plinio el Viejo decía que una mujer podía alejar las tormentas desvistiéndose, y en el sur de la India los campesinos solían ponerse de pie, desnudos, sobre los diques de drenaje y golpear sus tambores para hacer que cesara la lluvia.

LA PROPORCIÓN Leonardo da Vinci dibujó el símbolo original del *Hombre de Vitruvio*, tratando de demostrar la teoría del arquitecto romano Vitruvio de que las proporciones humanas perfectas se correspondían con unas leyes geométricas inmutables.

La cabeza

Símbolo de la mente racional, en expresiones tales como «tener cabeza (o perderla)», también podía representar un microcosmos del individuo como un todo. Los cazadores de cabezas decapitaban a los enemigos para aprehender su esencia vital.

El cabello

Cuando los miembros de la hermandad sij *Khalsa* hacen voto de no cortarse el cabello o la barba, están haciendo una declaración de fuerza y masculinidad. No obstante, el cabello largo también puede ser un símbolo de rebelión y libertad respecto a las convenciones, como lo fue para los hippies en la década de los 60. En contraste con ello, en varias religiones una cabeza afeitada es signo de humildad y de renuncia a

EL DIOS BARRIGUDO

En muchas culturas históricas, la barriga se consideraba un signo de buena vida. En ningún caso era más cierto esto que en la figura de Hotei, el más popular de los Siete Dioses de la Buena Suerte de Japón. En realidad Hotei era una versión japonesa de un personaje venerado en gran parte de Asia oriental por budistas y taoístas, así como por sintoístas. Posiblemente originario de la India, fue un monje que alcanzó la iluminación por sus buenas acciones, en concreto por atrapar serpientes venenosas para impedir que mordieran a los transeúntes. En China se le conoce como Budai y a menudo se le llama el Buda que

Ríe. En todas partes se le asocia con la abundancia y la satisfacción, rasgos que simboliza su prominente barriga. Persiste una tradición popular según la cual frotar el estómago de una estatua del dios trae buena suerte.

EL TRISKELION
Este motivo de piernas, cuyo nombre viene de la palabra griega que significa «de tres patas» —como en las mesas de tres patas talladas por Hefesto y mencionadas en la *Ilíada*—, es un símbolo regional en Sicilia, Bretaña y la isla de Man. También existe una variante en espiral que tiene asociaciones solares (*véanse* págs. 150-151).

lo mundano. Cuando son otros los que la imponen, como se hizo con los criminales o con las mujeres colaboracionistas en la Europa ocupada al final de la Segunda Guerra Mundial, se convierte más bien en una señal de humillación. Arrancarse el cabello propio era una señal tradicional de duelo en Oriente Medio; arrancar la cabellera a alguien, al igual que cazar cabezas, era una forma de quitarle su fuerza a un enemigo.

El ojo

Uno de los símbolos oculares más antiguos era el Ojo de Horus (*véase* página siguiente), del antiguo Egipto. La imagen, que originalmente era el Ojo que todo lo ve de Ra, el dios del Sol, fue transferida al dios halcón Horus a medida que este fue

LA MANO

La mano, que es infinitamente útil y cumple múltiples funciones, es probablemente, junto con el habla, la adaptación evolutiva que más distingue a la humanidad de los cuadrúpedos. Por consiguiente, no es de extrañar que generalmente sirva como imagen de poder: levantar el puño puede ser un símbolo de la fuerza bruta, como en el saludo nazi. Una palma extendida generalmente expresa prohibición, a no ser que haya un ojo grabado en ella, en cuyo caso se convierte en la *hamsa*, que desvía el mal de ojo (*véase* página 126). En contraste con ello, levantar la mano en señal de bendición sugiere la transferencia de energía espiritual, por ejemplo, en la tradición cristiana de la imposición de manos. Algunas señales de manos similares pueden tener significados muy distintos: levantar dos dedos con la palma cerrada constituye la famosa «V de victoria» de sir Winston Churchill, pero, con los nudillos por delante, los dedos forman un gesto muy insultante.

ascendiendo en popularidad en el panteón egipcio. Signo de omnisciencia y protección divina, se usaba en los ritos de momificación para estimular el renacimiento bajo los auspicios favorables del dios.

El Tercer Ojo de las tradiciones posteriores era un órgano de percepción espiritual, que denotaba una perspicacia especial. Para los musulmanes representaba la clarividencia y el conocimiento del futuro; para los budistas, los poderes de la meditación y una comprensión profunda del *dharma* y de las cuatro verdades nobles. Para los hin-

dúes era el *chakra* (punto energético) de la frente, el ojo del conocimiento cuya posesión estaba indicada por una marca en la frente de los yoguis y los sabios.

Sin embargo, los ojos no siempre eran benéficos. En el norte de África y en Oriente Medio la gente temía el mal de ojo, que representaba la mirada de la envidia y la malicia, y tomaba minuciosas precauciones para evitar su perniciosa influencia (*véase* recuadro en la página anterior).

La nariz

Simbolizaba el sentido del olfato del mismo modo que el ojo representaba la visión. También era para diversos pueblos de todo el mundo un orificio peligroso a través del cual el alma podía abandonar el cuerpo, o podían entrar en él espíritus peligrosos. En la antigüedad, se rellenaba con jade la nariz de los nobles chinos.

La barba

En el antiguo Oriente Medio, las barbas eran símbolos de autoridad y dignidad. En ocasiones se representaba a las infrecuentes faraonas con barbas falsas para resaltar su derecho al título real. En tierras musulmanas, hubo un tiempo en el que jurar por

LA CARA SONRIENTE
(SMILEY)
El icono de la cara sonriente se hizo popular en los 70 para vender artículos novedosos. Los actuales sms han hecho aparecer emoticonos similares.

EL CABELLO
El cabello largo era muy preciado por los guerreros indios americanos, y, en ocasiones, por los antiguos griegos, como Alejandro (*véase* imagen superior).

la propia barba era una señal de buena fe, mientras que tirar de la barba de otro hombre era un insulto mortal.

El pecho

Como sucedía con el útero de una mujer, representado por un estómago hinchado, los pechos eran un emblema obvio de fecundidad, especialmente en las estatuas de cien pechos de Artemisa, la figura de la Madre Tierra del antiguo Éfeso. En la mitología clásica se decía que la leche del pecho de la diosa Hera había formado la Vía Láctea, cuando esta estaba amamantando al bebé Heracles y este había tirado del pezón con demasiada fuerza. Algunas leyendas romanas contaban que las mujeres de las ciudades derrotadas exponían sus pechos ante los conquistadores como súplica de compasión y clemencia.

Los pies

Durante mucho tiempo, los pies descalzos fueron signo de pobreza y humildad. Se dice que en la Edad Media el sacro emperador romano Enrique IV fue descalzo, en 1077, hasta Canosa para rogar el perdón del papa Gregorio VII en el punto álgido de la Querella de las Investiduras. De igual modo, Jesús mostró humildad lavando los pies a sus discípulos. En un sentido muy distinto, los guerreros derrotados podían arrojarse a los pies de quienes les habían vencido, en busca de clemencia. En muchas tradiciones, las huellas de pisadas tenían un significado mágico; algunos pueblos africanos incluso barrían sus pisadas para que sus enemigos no pudieran utilizar la tierra por la que acababan de pasar para dañarlos con magia hostil. Una hendidura en forma de pie que hay en una roca en la cumbre de Samanala, o Pico de Adán, una montaña sagrada de Sri Lanka, ha sido interpretada de diversas maneras: por los hindúes, como la huella de Shiva, por los budistas, como la de Buda, y por los cristianos y los musulmanes, como la de Adán, el primer hombre.

El corazón

Ubicuo en Occidente, en las tarjetas de san Valentín, como símbolo del amor sentimental, el corazón también desempeña un papel en la iconografía cristiana como el sagrado corazón de Jesús, que representa el amor redentor de Cristo, como se muestra en una visión que tuvo la monja francesa del siglo XVII Margarita María Alacoque. Un corazón llameante es un símbolo de caridad. Otra tradición asocia el corazón con la valentía (se decía que los marinos británicos tenían «corazones de roble») o con la verdad más íntima, como en la expresión «de corazón» o «llegar al corazón». En un sentido similar, el francés Blaise Pascal escribió en sus *Pensamientos* que: «El corazón tiene razones que la razón desconoce».

Más siniestra era la creencia de los aztecas de que el Sol necesitaba sangre humana para su supervivencia lo que llevó a sus sacerdotes a arrancarle el corazón a una cantidad estimada de veinte mil víctimas sacrificiales cada año, ofreciéndolas a los dioses como muestra de agradecimiento.

LOS TATUAJES

La decoración de la piel humana es una antigua práctica. El «hombre de hielo», de aproximadamente 3300 a. C., hallado en los Alpes en 1991, tenía 57 tatuajes distintos. El cadáver de un jefe escita que fue desenterrado en las montañas de Altai, en el sur de Rusia, en la década de los 20, estaba cubierto por dibujos muy elaborados de fieras. Los maoríes de Nueva Zelanda y otros pueblos de Oceanía tienen una larga tradición de arte corporal, en la que las marcas son signos de categoría social. Los tatuajes faciales en espiral, *moko*, de los maoríes eran símbolos de fertilidad, asociados con el despliegue de las frondas de los helechos. Los tatuajes se veían generalmente como mejoras, que anunciaban la valentía de los guerreros o la belleza de las doncellas. Hoy en día continúan usándose para mostrar mensajes sobre la identidad de un individuo.

LOS ELEMENTOS CÓSMICOS
Signos en el cielo

El cielo y las fuerzas elementales de la naturaleza quedaban tan lejos y resultaban tan ajenos a la mayoría de los marcos de referencia de los primeros pueblos que instintivamente se les adscribía al reino de los dioses y los espíritus. Así, el relámpago era un arma arrojada por la mano de Zeus o Thor; el trueno era el estruendo de un carro divino que recorría los cielos a toda velocidad. El Sol, la Luna y las estrellas eran emblemas visibles de divinidad. En términos simbólicos, todos los elementos celestiales, desde los planetas y los cometas hasta los arco iris y el viento, siempre conservaron parte del poder

EL GORJAL DE LA ARAÑA DEL MISISIPI

La Mujer Araña, celebrada por los navajos como la deidad que les concedió el don de tejer, es una manifestación en el continente americano –desde los misisipianos de Cahokia hasta los moche de Perú– de la veneración que se profesa por este arácnido que produce seda. La araña y su tela, aparentemente tan frágil y no obstante tan robusta, convirtió a esta criatura en un popular talismán para aquellos que buscaban protección frente al poder destructivo de los elementos.

La cultura de túmulos del sudeste americano identificaba la araña con el Sol y a menudo la usó como motivo decorativo. La mitología de los indios americanos del Misisipi afirmaba que la araña había traído el fuego a la humanidad y esta conexión se evocaba en los gorjales de concha de la cultura Hopewell (entre 100 a. C. y 500 d. C.), con un diseño de rayos, y a veces una cruz, por las cuatro direcciones cósmicas, para reproducir los rayos del sol y las llamas de un fuego (*véase* ilustración central).

atávico que tenían antes de que la ciencia moderna consiguiera explicarlos. Las estrellas siguieron siendo luces que servían como guía o imágenes de un anhelo inalcanzable, y la lluvia era la fuerza vital divina, o incluso, como creían algunos gnósticos, el semen de los ángeles.

El Sol

La primacía del Sol en los cielos hizo que inevitablemente se convirtiera en un símbolo de poder, ya fuera divino o terrestre. Muchas religiones daban al dios Sol un lugar de honor, como por ejemplo el dios Shamash de Babilonia, el dios Mitra de Persia y el culto romano tardío de Natalis Solis Invicti. El primer culto monoteísta fue el de *aten* o disco solar en el antiguo Egipto. En tiempos en que los reyes lo eran por derecho divino, también se establecían paralelismos obvios entre el esplendor del Sol y el de los primeros monarcas.

«El cielo no puede mantener dos soles, ni la Tierra, dos señores», se dice que Alejandro el Grande exclamó ante los emisarios del emperador persa Darío, haciendo explícita la comparación. Pocos pueblos se tomaron más en serio esta comparación que el pueblo inca de Perú, que situaba el origen de la ascendencia de su rey en el Sol y celebraba ritualmente este vínculo en ceremonias diarias. En Europa, Francia tuvo su propio Rey Sol, Luis XIV, en una fecha tan reciente como el siglo XVII.

La Luna

La Luna, que en la antigüedad se veía como la consorte celestial del Sol, tendía a considerarse femenina, la Reina de los Cielos, vínculo reforzado por la coincidencia de que la duración del ciclo menstrual femenino se aproxima a un mes lunar. El inmaculado esplendor de la Luna llena, al menos al contemplarla a simple vista, hizo

HEPTAGRAMA
La estrella de siete puntas, un símbolo empleado en la Cábala, posteriormente fue utilizada por el culto del *Ordo Templi Orientis*. En el cristianismo simbolizaba los siete días de la creación y popularmente se utilizaba para protegerse contra el mal. En Estados Unidos, hoy en día el emblema forma parte de la insignia policial de la nación navajo.

que los budistas la consideraran un símbolo de perfección, mientras que su pureza, un tanto fría, también llevó a que se la asociara con la castidad: la diosa lunar de Roma, por ejemplo, era la cazadora virginal Diana. Una línea de pensamiento similar llevó a que la Luna se convirtiese en un emblema de lo inalcanzable.

La Luna también ha sido siempre un símbolo de la fugacidad debido al ciclo lunar que continuamente se repite, de la luna nueva a la luna llena y vuelta a empezar. Una fase que llamó especialmente la atención fue la de la luna creciente o media luna, que los alquimistas utilizaron para simbolizar el metal plata (el oro se representó mediante el Sol). Más recientemente, la media luna se ha identificado con el islam, aunque solamente a través de un remoto accidente histórico: los musulmanes la adquirieron de los otomanos, que la habían heredado de la Constantinopla cristiana, quienes a su vez la tenían como su emblema desde la época clásica.

El trueno

El trueno y el relámpago fueron muy importantes para las primeras culturas, que los interpretaron generalmente como señales de la ira divina. Simbólicamente se asociaban a poderes sobrehumanos, junto con los rayos que supuestamente lanzaban los dioses en el transcurso de las tormentas. El dios hebreo habló a Moisés entre truenos cuando le dio la tabla con los diez mandamientos; se representaba al Júpiter romano como si estuviera sujetando unos rayos con su mano derecha, mientras que estos proyectiles también eran el arma preferida del dios escandinavo Thor. Para los budistas, el rayo con puntas, o *vajra* (derecha), es un emblema de la indestructibilidad del estado último de la realidad, conocido como *sunyata*.

La estrella

De hecho, siempre se prestó una enorme atención a los cuerpos en movimiento: al Sol y la Luna, junto con los cinco planetas que se conocían en el mundo antiguo (Mercurio, Venus, Marte, Júpiter y Saturno). Muchas culturas personificaban estos cinco planetas como dioses (hoy en día siguen llevando los nombres de las divinidades romanas asociadas a ellos); otros pueblos los vinculaban con las almas de los muertos. Los pueblos algonquinos de América del Norte se referían a las estrellas como los «abuelos», y algunas de las primeras culturas afirmaban que la Vía Láctea señalaba el camino que llevaba al cielo.

El cometa

Tradicionalmente, los cometas, al igual que otros espectaculares fenómenos celestiales, se consideraban ominosos, y se pensaba que predecían grandes acontecimientos. El cometa Halley aparecía en el tapiz de Bayeux como un augurio de la conquista de Bretaña por los normandos, mientras que muchos estudiosos han sugerido que es posible que la Estrella de Belén fuera en realidad un cometa. Los primeros pueblos tendieron a conceptualizar los cometas en forma de animales, como serpientes o dragones.

Las nubes

Esencialmente, las nubes se asociaban con la lluvia y por consiguiente con la fertilidad agrícola. No obstante, en las tierras donde se producían precipitaciones suficientes se convirtieron en símbolos de tristeza. Su posición serena en el cielo las conectaba con el cielo; los pueblos del sudoeste de Estados Unidos asociaban a los shiwanna, o gente de las nubes, con los espíritus de los muertos, por ejemplo. No obstante, también representaban la irrealidad; decir que alguien tiene la «cabeza en las nubes», o que los soñadores «viven en las nubes».

LOS ELEMENTOS NATURALES
Una geografía de la mente

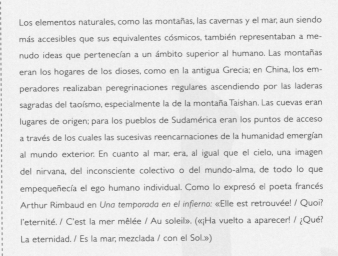

LAS OLAS
El *seigaiha* es un dibujo tradicional japonés de olas apiladas que recuerda el mar ondulado.

Los elementos naturales, como las montañas, las cavernas y el mar, aun siendo más accesibles que sus equivalentes cósmicos, también representaban a menudo ideas que pertenecían a un ámbito superior al humano. Las montañas eran los hogares de los dioses, como en la antigua Grecia; en China, los emperadores realizaban peregrinaciones regulares ascendiendo por las laderas sagradas del taoísmo, especialmente la de la montaña Taishan. Las cuevas eran lugares de origen; para los pueblos de Sudamérica eran los puntos de acceso a través de los cuales las sucesivas reencarnaciones de la humanidad emergían al mundo exterior. En cuanto al mar, era, al igual que el cielo, una imagen del nirvana, del inconsciente colectivo o del mundo-alma, de todo lo que empequeñecía el ego humano individual. Como lo expresó el poeta francés Arthur Rimbaud en *Una temporada en el infierno*: «Elle est retrouvée! / Quoi? l'eternité. / C'est la mer mêlée / Au soleil». («¡Ha vuelto a aparecer! / ¿Qué? La eternidad. / Es la mar, mezclada / con el Sol.»)

El mar

Origen de la vida en muchos mitos en torno a la creación, también fue durante mucho tiempo un símbolo de eternidad: el destino de todas las almas, así como los ríos desembocan en el mar. Sin embargo, las envolventes aguas de los océanos también eran morada de tormentas y monstruos, una imagen de la mente inconsciente. El mar, aparentemente infinito e inmutable, pero también imprevisible y violento, contenía innumerables contradicciones, y era un emblema del Caos primigenio y, en último término, también un lugar de descanso.

Las islas

Desde tiempos inmemoriales, las personas proyectaron sobre las islas imágenes de la felicidad. Los geógrafos clásicos hablaban de las Islas Afortunadas situadas en el Océano Occidental, tomando la idea, quizá, de las leyendas celtas sobre las Islas de los Benditos. San Brandán partió en busca de ellas en el siglo VI: da la impresión de que las historias sobre su viaje se confundieron rápidamente con el mito de Tir-na-Nog, la Tierra de la Juventud donde se desconocían las enfermedades y el envejecimiento. Los chinos tenían historias similares, que en su caso se ubicaban en el este. El primer emperador, Shi Huangdi, envió una expedición en busca de Penglai, la Isla de los Inmortales, en el siglo III a. C., con la esperanza de encontrar el Elixir de Vida: nadie regresó.

LAS MONTAÑAS SAGRADAS

Muchas de las primeras culturas consideraban que las cimas de las montañas —lejanas, antiguas y remotas— eran el hogar de los dioses. Los griegos tenían el monte Olimpo; Moisés ascendió el Sinaí para recibir los diez mandamientos. La cosmología hindú convirtió al monte Meru en el centro del universo y en la morada de Brahma y de otras deidades. El Sumeru, estrechamente emparentado con él, ocupaba una posición similar en el pensamiento budista. En China se pensaba que la primera tierra había sido una montaña, rodeada por un inmenso océano, y tanto los taoístas como los budistas chinos, que identifican un grupo de cinco montañas sagradas y uno de cuatro, respectivamente, veneran las cimas. La palabra que designa la peregrinación en el idioma chino es una contracción de «respetar una montaña sagrada». Este símbolo caligráfico (véase imagen superior) representa la palabra «inmortal» e incluye los caracteres chinos con los que se representa el hombre (izquierda) y la montaña (derecha).

LAS ESTRUCTURAS

Torres de fuerza y escaleras al cielo

EL ZIGURAT
Los templos
escalonados
de Mesopotamia
eran, al igual que
las pirámides
de Egipto,
montañas
artificiales,
concebidas para
hacer que
el ojo y
la mente
ascendieran
a los cielos
numinosos.

Los antiguos chinos, pueblo de campesinos, tenían un ideograma simbólico para referirse a la «casa»: un cerdo bajo un tejado. Sin embargo, las estructuras que estaban dotadas de significados asociativos más ricos tendían a ser las que no se construían con fines prácticos: los obeliscos, los laberintos, las pirámides, las *stupas*. En muchos casos, este tipo de edificios estaban concebidos como expresiones concretas de ideas abstractas, como representaciones estilizadas del cosmos, por ejemplo, o como punteros que dirigían los ojos hacia el cielo. Mediante un proceso de refuerzo, en ocasiones llegaron a representar, por sí mismos, la idea que habían querido expresar

LOS LABERINTOS

De acuerdo con el mito, el laberinto original se construyó en la antigua Creta para alojar al Minotauro, mitad hombre, mitad toro, que tenía apetitos caníbales. Puede que el laberinto, cuyo nombre viene del *labrys* o hacha de dos cabezas, que era emblemática en la civilización minoica, refleje en realidad unos posteriores recuerdos griegos del culto al toro, al que se rendía honores en el peligroso deporte del salto del toro. Posteriormente, la palabra pasó a usarse para referirse a cualquier laberinto complicado.

El adjetivo «laberíntico», que denota una infinita complejidad, sugiere por qué los laberintos han llegado a considerarse símbolos de la mente inconsciente: el viaje a través de ellos se convierte en un proceso análogo a la búsqueda psicoanalítica del descubrimiento de uno mismo. La idea de un viaje interior espiritual explica por qué existen laberintos subterráneos en algunas catedrales góticas medievales, como las de Amiens, Chartres y Siena, y más recientemente en la catedral de Gracia, en San Francisco.

sus constructores con ellos: las *stupas* como recuerdos visuales de la iluminación budista, los zigurats (*véase* página anterior) como escaleras que llevaban al cielo.

La torre

Con sus robustos muros y su gran altura, las torres eran al mismo tiempo protectoras y ambiciosas. En los cuentos de hadas que giraban en torno a doncellas enclaustradas, las torres fundamentalmente preservaban la castidad. En su poema *La Torre*, W. B. Yeats escogió esta imagen para simbolizar la solitaria búsqueda de la sabiduría por parte del sabio. Por llegar demasiado cerca del cielo, la

Torre de Babel se convirtió en un símbolo de la presunción humana. Las torres del silencio zoroastristas, donde los parsis sacaban a sus muertos para que fueran consumidos por las aves de rapiña, trataban de separar el mundo de los muertos del de los vivos, impidiendo que el uno profanara el otro.

La pirámide

Las pirámides de Egipto eran monumentos funerarios cuyo fin era inmortalizar la memoria de los faraones responsables de su construcción, tarea que han logrado en gran medida. Adoptaban la forma de montañas humanas, colinas artificiales que se alzaban hacia el cielo. Su forma, que apunta hacia arriba, era importante, dada la creencia de que el espíritu del faraón se reunía después de la muerte con el dios del Sol, su equivalente celestial. Con su enorme volumen, representaban una respuesta desafiante a la inevitabilidad de la muerte al mismo tiempo que pretendían acelerar la travesía del alma más allá de la mortalidad.

El pilar

Desde Freud, los obeliscos, los pilares y las columnas se han considerado genéricamente como símbolos fálicos; no obstante, cada uno de ellos tiene también implicaciones concretas. Los obeliscos, columnas de cuatro lados con la parte superior, se

LA PAGODA
Una pagoda, que representa la montaña sagrada, es un tipo de torre escalonada, tradicionalmente construida con un número impar de pisos y a menudo con una planta octogonal.

colocaban de dos en dos fuera de los portales de los templos del antiguo Egipto, en parte para expresar la importancia de los edificios, pero también para que cumplieran una función solar: sus puntas doradas captaban y reflejaban los rayos del Sol. Los pilares sostenían los edificios y eran emblemas de fuerza; cuando Sansón trató de afirmar su poderío frente a los filisteos, lo hizo derrumbando los pilares del templo. De estos tres elementos, las columnas conmemorativas eran quizá las que tenían una intención más obviamente fálica. Construidas para rendir honores a los grandes hombres (raramente a las mujeres), se alzaban hacia el cielo como celebraciones inequívocas del orgullo masculino.

El jardín amurallado

La palabra «paraíso» denotaba originalmente los parques amurallados y los jardines de recreo de los reyes persas, y desde entonces la mayoría de las ideas que han girado en torno a un paraíso terrenal se han situado en el marco de un jardín. El Jardín del Edén bíblico simbolizaba la inocencia primordial del mundo natural; sin embargo los jardines, tal como nosotros los conocemos, son estructuras artificiales, que simbolizan una feliz cooperación entre el hombre y la naturaleza. En algunas pinturas de comienzos del Renacimiento los jardines amurallados se convertían en el escenario en el que se representaban los rituales del amor cortés, recordando quizá las tradiciones orientales del sensual Jardín Perfumado. No obstante, en la tradición cristiana la imagen también podría simbolizar la castidad: «Jardín cerrado eres, hermana mía, esposa mía», afirmaba el Cantar de los Cantares de Salomón, y los pintores a menudo mostraban a la propia Virgen María recibiendo la Anunciación en un jardín amurallado.

El puente

Unen lo que de otro modo permanecería separado, y su papel de conectores se subraya en expresiones como «tender puentes» o «puente sobre aguas turbulentas». Por ello, parece extraño que en la tradición popular tendieran a contemplarse

con miedo. La gente afirmaba que aquellos que se separaran en un puente jamás volverían a encontrarse de nuevo, y que el diablo se cobraría el alma de la primera persona que atravesase un puente nuevo (normalmente se hacía que un pequeño animal lo cruzara para disipar la amenaza). Quizá este tipo de miedos ocultaran el recuerdo de los puentes que en las antiguas tradiciones religiosas conducían a la otra vida: el musulmán Al-Sirat, angosto como el filo de una espada, o el Chinvat persa, que solamente era ancho cuando los pensamientos y las obras del difunto habían sido generosos.

El arco triunfal

Los emperadores romanos erigían arcos triunfales para celebrar sus éxitos militares, y las legiones marchaban a través de ellos en los desfiles de la victoria. Puede que su forma se hiciera eco de las antiguas creencias populares sobre el poder curativo de los arcos naturales, especialmente de las zarzas, de las que se pensaba que enganchaban a los espíritus malvados y a los agentes patógenos cuando los enfermos pasaban por debajo de ellas. De igual modo, puede que el paso a través de un arco triunfal liberase a los soldados de la mancha del derramamiento de sangre, por no hablar de los espíritus vengativos de los hombres a los que habían matado.

La *stupa*

Son estructuras abovedadas que contienen reliquias del Buda o de santos varones budistas. En su evolución, las *stupas* primero fueron sencillos túmulos funerarios, después espacios similares a úteros que albergaban recuerdos preciosos de la santidad, y finalmente pagodas (*véase* página anterior). Un mástil central que se alza desde su parte superior evocaba recuerdos del árbol bodhi bajo el cual encontró la iluminación el propio Gautama.

LOS ÁRBOLES Y LOS ARBUSTOS

Imágenes de crecimiento y fructificación

De todos los seres vivos, los árboles se cuentan entre los más grandes y más resistentes, así que desde un punto de vista humano se convirtieron de forma natural en símbolos de fuerza y estabilidad. Los marineros británicos tenían el corazón de roble, los tejos de los cementerios representaban el recuerdo perpetuo. La mitología nórdica hablaba de Yggdrasil, el Árbol del Mundo, un fresno que ejercía como eje del universo. No obstante, los árboles, en plural, podían ser amenazadores: los chamanes de América del Sur demostraban su audacia aventurándose en solitario en la selva tropical, mientras que solamente los caballeros intrépidos estaban dispuestos a enfrentarse al Bosque Peligroso.

El Árbol de la Vida

Un símbolo conocido por las culturas de todo el mundo, habitualmente representaba la continuidad y la fecundidad del mundo natural. No obstante, había una enorme variedad en cuanto a las especies reales que se representaban: las obras de arte babilónicas y asirias normalmente mostraban una palmera datilera, fuente vital del sustento humano en ese momento, mientras que la mitología china rendía honores al melocotonero como fuente de la fruta de la inmortalidad. Las leyendas frigias tenían preferencia por el almendro, mientras que los antiguos celtas veneraban el aliso. Los mayas generalmente visualizaban el tronco que sostiene el mundo como el de un árbol de ceiba. Como es natural, cada civilización adoptó una especie fundamental para su propia supervivencia para expresar una verdad universal.

La higuera

Otro árbol sagrado, la higuera, se veneraba en tierras islámicas porque estaba escrito que el profeta Mahoma había jurado por ella. El árbol también tenía un lugar especial en el budismo ya que Gautama Buda había hallado la iluminación bajo el

EL CEDRO DEL LÍBANO El cedro, prominente en la bandera del Líbano, es antiguo y duradero, inmortal e incorruptible. Los egipcios empleaban la resina del cedro para la momificación, y con su madera, resistente a la putrefacción, se construyó el arca de Noé, el Templo de Salomón y el Arca de la Alianza.

árbol bodhi, una higuera sagrada (*Ficus religiosa*). En el hinduismo, los higos simbolizaban la fecundidad, y se asociaban con los poderes procreadores de Vishnú y Shiva, un vínculo sugerido, quizá, por la forma fálica y el jugo lácteo del higo joven.

El almendro

Tuvo tradicionalmente asociaciones con la capacidad reproductora masculina, quizá debido al jugo, parecido al semen, que rezumaban sus frutas. El dios frigio Atis, al que se rendía culto en los ritos orgiásticos que se celebraban por todo el mundo clásico, había nacido, supuestamente, de la semilla de un almendro. Una antigua tradición afirmaba que una virgen que se durmiera bajo este árbol corría el riesgo de despertarse embarazada. Y en el Antiguo Testamento, de la vara de Aarón brotaron

EL ROBLE: PRIMERO ENTRE LOS ÁRBOLES

El roble, el más venerado de todos los árboles, también había sido, según los antiguos griegos, el primero que se había creado. Desempeñaba un papel esencial en el oráculo de Dódona, en Epiro, donde los sacerdotes interpretaban los mensajes proféticos que les susurraba un bosquecillo sagrado de árboles. El roble también era sagrado para los druidas celtas, que celebraban sus reuniones entre robles, y que asociaban las bellotas (que en la actualidad son, habitualmente, símbolo de paciencia y trabajo duro) con la verdad oculta. La tradición del norte sostenía que los robles eran los árboles con más probabilidades de ser alcanzados por un relámpago, y los escandinavos los asociaban con Thor, el dios del trueno. La durabilidad de la madera del roble también era legendaria, lo que hizo que desde los primeros tiempos se asociaba con la fuerza y la fortaleza,. De ahí el uso de racimos de hojas de roble en los premios marciales al valor.

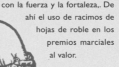

LA FLOR DEL CIRUELO
El ciruelo, conocido en China como uno de los «tres amigos del invierno», junto con el pino y el bambú, es un emblema de resistencia y felicidad marital.

milagrosamente almendras maduras de la noche a la mañana como una señal de que su tribu de Leví era la más apta para proporcionar sacerdotes al pueblo de Israel.

El pino

Su fuerza y su dureza han hecho que el pino sea preeminente en China como símbolo de longevidad. En Mesopotamia, la fuerza generativa masculina del héroe-dios Marduk estaba simbolizada por la piña con forma fálica.

El olivo

Las guirnaldas de olivo simbolizaban la victoria cuando se colocaban en las frentes de los vencedores de los Juegos Olímpicos en la antigüedad. No obstante, tuvieron una asociación más duradera con la paz, quizá porque el olivo y su fruto representaban el sustento y la prosperidad que se veían amenazadas por la guerra. Los romanos usaron una rama de olivo como emblema de la *Pax Romana*, y los delegados de las provincias rebeldes llevaban una consigo para indicar su sumisión. En la tradición cristiana, la rama de olivo que una paloma llevó de vuelta consigo al arca de Noé sirvió como garantía de paz de que Dios no enviaría más diluvios devastadores.

El laurel

Mientras que los vencedores de los Juegos Olímpicos en la antigüedad llevaban coronas de olivo, a los ganadores de los Juegos de Pitia se les otorgaban guirnaldas de laurel (*véase* página 89), de ahí la expresión «no dormirse en los laureles», refiriéndose a esforzarse por mantener la competitividad de uno. El laurel se consideraba una planta protectora, que protegía del mal o (en el mundo físico) de los relámpagos: el emperador Tiberio siempre llevaba una corona de laurel durante las tormentas. En China el laurel se asociaba con la longevidad, y como planta de la inmortalidad sólo el melocotón la precedía en importancia.

El acebo

El vínculo que tiene el acebo con la Navidad perpetúa el
papel que desempeñaba en las antiguas festividades que
se celebraban en pleno invierno, como la Saturnalia
romana, cuando sus verdes hojas y sus bayas de color rojo brillante simbolizaban la esperanza en tiempos de
oscuridad. Los cristianos adaptaron el simbolismo para identificar el
color de sus frutos con la sangre de Cristo, entregada para redimir
las almas de los hombres y concederles la vida eterna, la cual suge-
rían las hojas perennes del arbusto.

La palmera datilera

Símbolo masculino en Oriente Medio, dónde servía como Árbol de la Vida para
los pueblos árabes, se asociaba en China con la fecundidad femenina. Los romanos llevaban ramas de palmera en las procesiones triunfales y las otorgaban como
símbolos de victoria a los gladiadores que tenían éxito, hábito que conmemora la
expresión «llevarse la palma». Parte del simbolismo del héroe victorioso se trasladó
a la conducta de la muchedumbre que esparció hojas de palma ante Jesús en el
momento de su entrada en Jerusalén, como se recoge en el Evangelio de san Juan.
A partir de entonces, las plantas entraron en la tradición cristiana como el emblema
de los que peregrinaban a Tierra Santa, conocidos como los «palmeros», por su
costumbre de llevarse consigo una hoja, a su regreso, para decorar su iglesia local.

El espino

Las flores blancas del espino, que florece temprano, estaban asociadas tradicionalmente con las muchachas que estaban en la primavera de su juventud. Las doncellas atenienses que asistían a las bodas llevaban coronas de flores de espino, y la
propia antorcha del matrimonio estaba hecha de madera de espino. En el idioma
victoriano de las flores, el espino representaba la «Buena Esperanza».

LAS FLORES Y LAS PLANTAS

Las fragancias de la flora

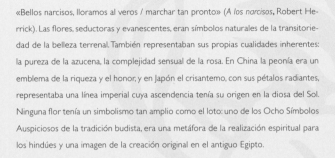

**LA FLOR
DE LIS**
Esta forma
heráldica del
lirio fue el
emblema de los
reyes de Francia
durante más de
quinientos años.

«Bellos narcisos, lloramos al veros / marchar tan pronto» (*A los narcisos,* Robert Herrick). Las flores, seductoras y evanescentes, eran símbolos naturales de la transitoriedad de la belleza terrenal. También representaban sus propias cualidades inherentes: la pureza de la azucena, la complejidad sensual de la rosa. En China la peonía era un emblema de la riqueza y el honor, y en Japón el crisantemo, con sus pétalos radiantes, representaba una línea imperial cuya ascendencia tenía su origen en la diosa del Sol. Ninguna flor tenía un simbolismo tan amplio como el loto: uno de los Ocho Símbolos Auspiciosos de la tradición budista, era una metáfora de la realización espiritual para los hindúes y una imagen de la creación original en el antiguo Egipto.

La rosa

Centro de atracción de la belleza en la tradición occidental, las rosas también quedaron indeleblemente asociadas al amor en todas sus manifestaciones. Estas flores se esparcían por los templos de Afrodita en la época clásica, y hoy en día siguen apareciendo en innumerables tarjetas del día de san Valentín. No obstante, también adquirieron un significado místico para los autores medievales de *El Romance de la Rosa*, que representaba la búsqueda del amor en términos espirituales, y la Iglesia cristiana las identificó con la Virgen María y con muchas santas. Mientras que la rosa roja, en particular, expresaba la pasión, estas flores también se asociaban con los sufrimientos producidos por el amor, como en la expresión «no hay rosas sin espinas». Los sibaritas amantes del placer de la época clásica dormían en los lechos de rosas originales, literalmente rellenados con sus pétalos, y hay una historia que habla de un hombre que se agitó, inquieto, durante toda la noche, debido a que solamente uno de ellos estaba arrugado. No obstante, aunque la mayor parte de la imaginería de la rosa era positiva, una rosa abierta simbolizaba lo efímero de la belleza, y los romanos esparcían estas flores en las tumbas de sus seres queridos.

LA ROSA
La rosa blanca
fue el emblema
de la Casa de
York en las
guerras de
las Rosas
de la Inglaterra
medieval.

El crisantemo

La flor imperial de Japón es el crisantemo amarillo desplegado, que en muchos lugares se considera un símbolo de orden y perfección. La planta también se asoció con la longevidad, posiblemente porque florece a finales de cada año. No obstante, los crisantemos blancos son flores de luto tanto en Japón como en China, y se ven habitualmente en los entierros y las tumbas.

El lirio

Asociado a la Virgen María, ya que sus hojas en forma de espada hacían pensar en su dolor durante la crucifixión de Cristo. También proporcionó la inspiración para la flor de lis (literalmente, pero de forma inexacta, «flor de la azucena»), una imagen estilizada de un lirio que se convirtió en el símbolo de la monarquía francesa desde el siglo XII en adelante. Hubo un tiempo en el que la bandera real incluía un campo entero de flores de lis, reducidas a solamente tres por Carlos V en el siglo XIV en honor de la Trinidad cristiana.

El loto

Gran parte de lo que representaba la rosa en los países occidentales estaba representado en Oriente por el loto. En realidad, ese nombre se aplica actualmente a varias flores diferentes, desde el habitual cuernecillo (*Lotus corniculatus*) hasta diversas variedades de nenúfares.

La especie más importante simbólicamente, el loto indio o sagrado, también crece en el agua, pero actualmente se le atribuye una familia propia, las nelumbonáceas (*Nelumbonaceae*). Al igual que la rosa, gran parte de su simbolismo tenía profundas raíces sexuales, que se derivaban de un parecido no expresado entre sus flores abiertas y los órganos sexuales de la mujer. De este modo, la flor pasó a desempeñar un papel esencial en los mitos hindúes sobre la creación que describen cómo del ombligo de Vishnú surgió

una única y enorme flor de loto que llevaba en su interior al dios creador Brahma. La planta, conocida como Padma, que es también el nombre de una diosa asociada con ella, pasó a simbolizar la productividad y el poder creativo. Y, nuevamente igual que la rosa, también sirvió como prenda de amor; el arte indio está lleno de representaciones de Krishna entregando esta flor a su amante Rama.

Había otra tradición relacionada con el árbol del loto, arbusto del que no se sabe a qué especie pertenece, y que se mencionaba en la mitología griega. Los consumidores de loto de Homero tomaban el fruto de esta planta, que les llevaba a olvidarse de sus amigos y sus obligaciones, y a entregarse a la ociosidad y al placer.

LA AMAPOLA DE COLOR ROJO SANGRE

En Gran Bretaña y otros países de la Commonwealth, la amapola ha quedado indeleblemente asociada con los muertos de la Primera Guerra Mundial como la flor con la que se recuerda a aquellos que perdieron sus vidas en el conflicto. Los campos de la muerte de Flandes estaban cubiertos de amapolas, que crecían con fuerza en la tierra picada, y el color escarlata de las flores sugería de forma natural un vínculo con la sangre derramada a su alrededor. Su asociación con la muerte no era nueva: algunas de las primeras autoridades cristianas insinuaron que la planta brotó inicialmente de la sangre de Cristo en la cruz. Tenía una conexión aun más fuerte con el sueño, debido a los efectos soporíferos de los opiáceos derivados del *Papaver somniferum*, la amapola del opio.

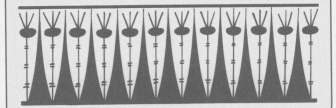

La peonía

Toma su nombre de Paean, que era el cirujano de los dioses en Homero, aunque en otros autores clásicos era un cognomen para Apolo en su calidad de sanador. Apropiadamente, durante mucho tiempo se consideró que la planta tenía usos medicinales; en Japón, por ejemplo, las raíces se usaban para preparar anticonvulsivos.

También se consideraba una planta protectora en un sentido más general: los europeos supersticiosos llevaban sus semillas en collares como amuletos contra la epilepsia, los calambres y las fuerzas de la oscuridad. No obstante, esta flor siempre se ha asociado principalmente con la belleza vistosa, y ha sido muy admirada en el Oriente Próximo. En Japón todavía sigue siendo popular en los ramilletes nupciales, mientras que recientemente China ha considerado la posibilidad de adoptarla como flor nacional.

La azucena

De color blanco inmaculado, es un símbolo de la inocencia y la pureza perfectas que está reconocido en muchos lugares. Asociada también a la castidad, esta flor se convirtió en un emblema de la Virgen María, y frecuentemente aparecía en las pinturas de la *Anunciación* del Renacimiento, asida a menudo por la mano del propio arcángel Gabriel. No es de extrañar que posteriormente las azucenas se convirtieran en las plantas preferidas para la decoración de las iglesias. Esta flor también puede simbolizar la inocencia ante la ley: en ciertas partes de Europa surgió una tradición que decía que de las tumbas de los delincuentes a los que se ejecutara injustamente brotarían azucenas.

La anémona

La efímera flor de la anémona, cuyo nombre proviene de la palabra griega que significa «del viento», estaba especialmente asociada con la transitoriedad. La planta también se relacionó con la muerte de Adonis en la mitología clásica, ya que supuestamente había brotado del néctar que Venus había dejado caer en la tierra ensangrentada en la que un jabalí había corneado mortalmente a su amado.

El amaranto

«La flor del amaranto es el símbolo de la inmortalidad», escribió el padre de la Iglesia Clemente de Alejandría. La propia palabra significaba «que no se marchita» en griego, y Esopo, en una de sus fábulas, contrastaba la lozanía duradera de su flor con la efímera rosa. La reputación le viene a la planta por la longevidad de sus flores de color rojo intenso (una de las variedades más conocidas, el *Amaranthus caudatus*, se conoce comúnmente en inglés como «Love-lies-bleeding», literalmente «amor que yace sangrando»), pues conservan su color mucho tiempo después de que otras flores se hayan marchitado.

El acanto

El arbusto del acanto, popular en todo el mundo clásico mediterráneo como motivo arquitectónico y decorativo (*véase* imagen inferior, en una voluta ornamental), se identificó con el triunfo sobre las dificultades. En la iconografía cristiana sus espinas representaban el dolor y el castigo.

El cardo

Debido a sus púas defensivas, el cardo fue adoptado como emblema de Escocia, y está registrado por primera vez como tal en el reinado de Jacobo III en el siglo XV. Su resistencia y su firmeza hicieron que en Oriente se considerase símbolo de una larga vida.

La hiedra

Abrazadora y de hoja perenne, se convirtió en un símbolo de la fidelidad, y para los cristianos también connotaba la vida eterna. Los antiguos griegos hicieron que fuera sagrada para Baco, quizá debido a la creencia popular de que sus bayas venenosas retrasaban la aparición de la embriaguez.

El muérdago

El complejo simbolismo del muérdago se inspira en las contradicciones botánicas inherentes a la planta. Parásita y de hoja perenne, crece con brío incluso cuando el árbol huésped que la sustenta parece estar muerto. Aunque es venenosa, sus ramas y sus bayas contienen sustancias medicinales que en una época hicieron que fuera conocida como un «curalotodo»; incluso hoy en día, en Europa se utilizan las lectinas del muérdago para tratar el cáncer. La lanza que mató al querido dios Balder de la mitología nórdica estaba hecha de madera de muérdago, al igual que la rama dorada que el héroe romano Eneas llevó como talismán protector en su viaje al averno. Maldito y venerado casi en igual medida, el «funesto muérdago» de Shakespeare era sagrado para los druidas, que lo consideraban un emblema de potencia sexual y fertilidad, asociación que todavía persiste en la tradición navideña de besarse bajo una rama de muérdago.

LAS FRUTAS

Obsequios de la munificiencia de la naturaleza

LA MANZANA
La manzana tiene una fuerte asociación con el Edén bíblico, y era un objeto de deseo en la mitología griega. Atalanta accedió a casarse con el hombre que pudiera ganarla en una carrera. Un pretendiente la distrajo arrojando manzanas en su camino, haciéndose así tanto con la victoria como con la muchacha.

La fruta, al ser la parte más útil tanto de árboles como de arbustos, que daba a las personas un sustento tanto físico como espiritual, generalmente expresaba un mensaje positivo. En China, el Árbol de la Inmortalidad era un melocotonero, y daba fruta una vez cada tres mil años. La suculenta granada era naturalmente sagrada para las diosas del amor, y la embriagadora uva lo era para los alborotadores divinos como Dioniso. No obstante, la manzana, que era lo bastante sana como para mantener a raya a los médicos, también fue la Manzana de la Discordia que Paris ofreció a Afrodita, Hera y Atenea.

La manzana

Lleva el perfume del paraíso, aunque en el texto bíblico nunca se especifica cuál fue la fruta que Eva probó en el Jardín del Edén. El otro mundo celta de Avalon significaba «isla de las manzanas», mientras que en América del Norte un manzano era el punto central del cielo iroqués. Su conexión con la salud también venía de antiguo: un cuento de *Las mil y una noches* hablaba de la manzana del príncipe Ahmed, que curaba todos los males, mientras que los dioses escandinavos comenzaron a envejecer de forma incontrolable cuando el malévolo Loki logró hacer que Iduna, guardiana de las manzanas doradas de la eterna juventud, se ausentara de su puesto.

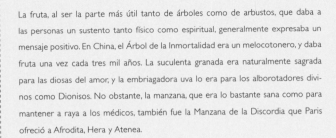

La granada

Debido a su exquisita pulpa y a sus múltiples semillas, la granada pronto quedó asociada a la fecundidad. Las mujeres chinas hacían ofrendas de granadas a Guan Yin, la diosa de la misericordia, al rezar por los niños, mientras que en Turquía las novias tiraban una granada al suelo y después contaban las semillas para averiguar cuántos hijos tendrían.

La uva

Las vides y las uvas que crecen en ellas generalmente han servido como un emblema de la abundancia. La viña, como «tierra que mana leche y miel», se convirtió en un símbolo del Israel bíblico, mientras que en el Nuevo Testamento, en el Evangelio de san Juan, quedó escrito que Jesús proclamó: «Yo soy la vid verdadera y mi Padre, el labrador».

La naranja

De hoja perenne, y fructífera a lo largo de todo el año, la naranja es un poderoso símbolo internacional de fecundidad. En China se cultivaban naranjas mucho antes de que llegaran a Occidente, y allí esta fruta todavía se asocia con la buena suerte y la larga vida. En el siglo XIX, la flor de la naranja se convirtió en una decoración nupcial convencional en Gran Bretaña, que simbolizaba tanto la esperanza de fertilidad como la pureza, que expresaba su blanca flor.

El melocotón

Como fruta de la vida eterna en China, el melocotón se asociaba con los Ocho Inmortales de la leyenda taoísta. Los regalos de porcelana adornados con dibujos de melocotones conllevaban un deseo no expresado de que el destinatario pudiera disfrutar de una larga vida de prosperidad. También estaba asociado con la fertilidad: hubo una época en la que se hablaba comúnmente de las novias jóvenes como de «melocotones».

LAS CRIATURAS DE LA TIERRA

Fieras de los campos y bosques

EL LEÓN RAMPANTE
Este león erguido, algo poco habitual en un cuadrúpedo carnívoro, forma parte de muchos escudos de armas europeos y una variante suya está presente en la bandera real de Escocia, introducida por el rey Guillermo I (1165-1214), uno de los muchos gobernantes que se consideraron a sí mismos «corazón de león».

Los seres humanos han vivido cerca de los animales el tiempo suficiente como para formarse opiniones firmes, y a menudo contradictorias, sobre sus carácteres y temperamentos. Gran parte del simbolismo de los mamíferos tiene su origen en estos rasgos percibidos, que abarcan desde el valor y la fuerza del león, el rey de las fieras, a la legendaria codicia del cerdo. Algunos individuos poderosos trataron incluso de adoptar algunas de las características para sí mismos. En las religiones animistas, por ejemplo, era habitual que los chamanes se pusieran sus pieles para adoptar los atributos de los animales que imitaban. En un sentido similar, los reyes de los olmecas del antiguo México situaban el origen de su linaje en los hombres-jaguar, figuras mitad animales, mitad personas, que decían tener parte de la fuerza y la ferocidad de los depredadores más importantes de la selva mesoamericana.

El oso

Ha inspirado el mismo miedo que los leones y los tigres, pero su apariencia casi humana, especialmente cuando se levanta sobre dos patas, ha hecho que su relación con las personas sea mucho más estrecha. Al igual que los *ainu* de Japón, varios pueblos norteamericanos decían descender de osos, y había cuentos populares que hablaban de osos que se apareaban con mujeres y engendraban hijos humanos. Aunque un oso con dolor de cabeza se convirtió en un símbolo cómico de irritabilidad, estas criaturas también podían ser protectoras. No obstante, el empuje principal del simbolismo del oso siguió ligado a la fuerza bruta: los *berserker* nórdicos llevaban pieles de oso para entrar en combate, y la imagen preferida en Occidente del poder del ejército ruso durante la guerra fría era la de un oso enfadado.

El tigre

«¡Tigre! ¡Tigre! fuego que ardes / En los bosques de la noche…» (*El tigre*, William Blake). El tigre, otro de los depredadores más importantes, no debía tanto su reputación a su generosidad de espíritu como a su elegancia y fuerza. En las zonas del sur de Asia que ocupaba, donde sirvió como montura de la diosa guerrera hindú Durga, había muchas historias de seres metamórficos que adoptaban la forma de un tigre. En la medicina popular coreana, se suponía que los huesos de tigre triturados y echados al vino eran fortificantes, en un sentido literal.

El león

Legendario por su fuerza y su valor, fue un símbolo natural de la realeza desde tiempos remotos. La Gran Esfinge de Giza combina el cuerpo de un león con la cabeza del faraón Khafre, mientras que Sekhmet, con su cabeza de león, era una protectora divina de los gobernantes del antiguo Egipto. Los reyes asirios celebraban su propio poder mediante magníficas esculturas en bajorrelieve de ellos mismos cazando leones. La analogía con el poder sobrevivió hasta los tiempos modernos, como siguen atestiguando los leones de Trafalgar Square, que simbolizan el poderío imperial británico. No obstante, pese a toda su ferocidad, el león podía ser generoso con aquellos que lo habían ayudado, y la historia de Androcles probablemente sea la más conocida entre los muchos relatos populares que atestiguan la gratitud leonina.

El lobo

El lobo grande y malo de los cuentos de hadas está firmemente fijado en la imaginación colectiva como un símbolo de la rapacidad y la codicia. En la mitología nórdica, el lobo Fenrir se tragaba el Sol en la batalla culminante de Ragnarok; en la Segunda Guerra Mundial los submarinos alemanes surcaban los mares en flotillas que en

EL JABALÍ
La otra cara de la nobleza del jabalí era su ferocidad brutal: Shakespeare llamó a Ricardo III, que usó al animal como emblema heráldico, «El miserable jabalí, sanguinario y usurpador».

inglés se denominaban *wolf-packs* («manadas de lobos»), y los famosos hombres lobo sacaban la fiera que había dentro del hombre (sólo en raras veces de la mujer). Si se quieren encontrar imágenes lobunas más positivas, hay que buscarlas o bien en fuentes dudosas, como los nacionalistas radicales turcos que han convertido a los Lobos Grises fascistas en héroes de su causa, o, más prometedoramente, en lobas como la que alimentó a Rómulo y Remo, feroces guerreros, pero también padres legendarios de Roma.

El jabalí

La fuerza y la resolución eran las cualidades tradicionales que representaban los jabalíes, que tenían una importante presencia en la mitología, desde el mundo celta

LOS SEÑORES DE LA CAÑADA

Asociados en la cultura popular de hoy en día con la inocencia propia de Bambi, los ciervos tenían en el pasado una presencia simbólica más firme y enérgica. A juzgar por las pinturas rupestres, los ciervos desempeñaban un papel importante en los rituales de caza incluso en tiempos prehistóricos. Los celtas adoraban al dios astado Cernunnos (derecha), mientras que posteriores leyendas británicas recordaban la figura de Herne el Cazador, con su cornamenta. El ciervo era emblema de la nobleza en la época heráldica, mientras que el venado conservó desde tiempos remotos una imagen de virilidad que en la época victoriana fue loada en la famosa pintura de Landseer *El Monarca de la Cañada*.

a los mundos clásicos. Ambos tenían cuentos que giraban en torno a épicas cazas de jabalíes. En las leyendas hindúes, Vishnú adoptaba la forma del jabalí Varaha para zambullirse en las profundidades abisales y rescatar la Tierra del demoníaco Hiranyaksha, mientras que el dios nórdico Freyr montaba a Gullinbursti, un jabalí con cerdas doradas moldeadas por los enanos.

El cordero

Imagen de inocencia y pureza predestinadas a tener una muerte temprana, era un símbolo natural de Jesucristo, a quien san Juan Bautista llamó (según el Evangelio de san Juan) «el Cordero de Dios, que quita el pecado del mundo».

El zorro

A pesar de la insistencia, por parte de los pastores y cazadores, de que los zorros son alimañas, la mayoría de las culturas tenían un enfoque un tanto diferente. «Astuto como un zorro», decía la gente, y siempre se sentía un respeto furtivo, así como una justificada indignación, ante estos depredadores domésticos que viven fuera de la ley. Los zorros, populares antihéroes de los cuentos estadounidenses sobre embaucadores, aparecían en las leyendas japonesas como los *kitsune*, seres metamórficos que adoptaban la forma de bellas mujeres para consumir la esencia vital de los hombres. Y cuando los escritores satíricos medievales quisieron satirizar a la clase dirigente de los clérigos, los caballeros y los abogados, lo hicieron a través de la figura de Reynard el Zorro, que subvertía incesantemente el orden establecido.

El perro

El mejor amigo del hombre tenía una reputación diversa en la simbología mundial. Las referencias despectivas sobre él, especialmente en fuentes de Oriente Medio y el Extremo Oriente, contrastaban con las imágenes de lealtad, como la de Bobby

de Greyfriars o la del perro que traía el pan diariamente a san Roque cuando yacía en el desierto, enfermo de peste. Lo más frecuente era que en la mitología adoptaran la forma de perros guardianes, emblemas de una vigilancia ferozmente protectora: Cerbero, con sus tres cabezas, custodiaba la entrada al averno clásico, mientras que en las leyendas nórdicas Garm era el galgo original de Hela.

El gato

Los gatos tenían asociaciones principalmente femeninas, ya fuera en el adjetivo «felino» o en su papel tradicional como espíritus emparentados con las brujas. En un sentido más positivo, tenían vínculos duraderos con la elegancia y la belleza. Los antiguos egipcios rendían culto a la diosa Bastet, que tenía cabeza de gata, y el gigantesco Gato de Heliópolis protegía a Ra, el dios del Sol, de los ataques de Apophis, la serpiente del caos, en su viaje nocturno a través del averno.

El cerdo

Tradicionalmente, los cerdos han sido vilipendiados como emblema de la codicia. Considerados sucios en las tradiciones judía e islámica, se convirtieron en símbolo de la glotonería y la pereza para los autores de los bestiarios medievales. Los chinos, que comían carne de cerdo, adoptaron una visión más benévola: un cerdo bajo un tejado fue el ideograma inicial para el concepto de «casa».

El elefante

En la India, los elefantes, imponentes, mansos y fiables, eran montados por marajás y dioses, en particular Indra, portadora de truenos. La deidad Ganesha, con su cabeza de elefante, siempre fue popular, y célebre por su bondad y sabiduría.

EL UNICORNIO Según la leyenda, este híbrido astado sólo podía ser capturado por una virgen, pues en compañía de una, esta fiera salvaje se volvía mansa. Como tal, el unicornio simboliza la castidad masculina y femenina mediante la idea de un amor no consumado.

El mono

Fascinantes para los humanos como imagen distorsionada de sí mismos, los monos normalmente se consideraban embaucadores y alborotadores. Hanuman, uno de los protagonistas del *Ramayana*, el gran poema épico de la India, era un mono humanoide. A su vez, probablemente inspiró a Sun Wukong, el Rey Mono héroe de la novela *Viaje al Oeste* (conocida a menudo en Occidente simplemente como *El Mono*), un clásico de la literatura china.

El toro

Como el jabalí, el toro era tradicionalmente un símbolo de la fuerza incontrolable, como sugiere en inglés la expresión *a bull in a china shop* (que en español sería «un elefante en una cacharrería»). No obstante, su enorme poder e importancia económica le aseguraron un destacado lugar en la mitología, pues los principales dioses de la mayoría de las naciones del Creciente Fértil tenían vínculos con toros. En la tradición hindú, el toro sagrado Nandi era la montura de Shiva y el líder de su séquito, mientras que los mitraístas persas veneraban a un toro primigenio cuyo semen había fecundado al mundo entero. Zeus adoptó la forma de un toro para violar a Europa, y la reina Pasífae de Creta se apareó con un toro para producir al híbrido Minotauro.

La vaca

El simbolismo de la plácida vaca difícilmente podría haber sido más distinto al del toro desenfrenado y destructivo, pero ambos reflejaban, cada uno a su manera, imágenes de fecundidad. La vaca era un manso animal que daba vida, y cuya leche, en la mitología nórdica, alimentaba a Ymir, el gigante de hielo primordial. Además, se veneraba en las tradiciones budista y jainista, así como en el hinduismo, por su sufrida paciencia y ecuanimidad.

LOS REPTILES Y LOS INSECTOS
Criaturas de lugares ocultos

En comparación con los mamíferos y los pájaros, la mayoría de los reptiles y los insectos estaban mal considerados en la mitología, en la que a menudo se les trataba con un desagrado que rozaba la repugnancia. Los sapos aparecían como espíritus emparentados con brujas, los lagartos y los escorpiones expresaban esterilidad y desolación, y, al menos, en la tradición judeocristiana las serpientes adoptaron un aura de mal absoluto: «Esa vieja serpiente, que se llama Diablo y Satanás». No obstante, algunas criaturas se resistían a esa tendencia. Las abejas eran célebres por ser trabajadoras y productivas, y el Libro de los Proverbios de la Biblia recomendaba a los individuos perezosos: «Ve a ver a la hormiga, ¡perezoso!, mira sus costumbres y hazte sabio». Hasta las serpientes tenían sus admiradores: la Serpiente del Arco Iris de la tradición aborigen contribuyó a moldear el paisaje del interior de Australia, y los *nagas* de la India eran figuras custodias que controlaban reservas ocultas de poder y riqueza.

La serpiente

Ha obsesionado la imaginación de las personas desde los tiempos más remotos, y en torno a ellas se desarrolló un complejo simbolismo. Figuras del mal en la tradición cristiana debido a su conexión con la serpiente del Jardín del Edén, en otras culturas gozaban de una consideración más positiva, y a veces se las veía incluso como figuras guardianas. Así pues, las serpientes aparecían en el *caduceo*, o vara alada del dios romano Mercurio, y en la vara de Esculapio, deidad de la sanación (*véanse* páginas 88-89). Los *nagas* de la mitología india, con su cuerpo de serpiente, vivían en espléndidos palacios subacuáticos y se les tenía respeto, por no decir afecto, mientras que la serpiente emplumada azteca no era sino el más grande de muchos dioses

LA MARIPOSA
Hermosas y delicadas, las mariposas simbolizaban el alma en tierras tan lejanas entre sí como Mesoamérica y Japón. Tanto los maoríes de Nueva Zelanda como los nagas de Assam creían que los espíritus de los muertos regresaban a la tierra en forma de mariposas. En el cristianismo, la mariposa simboliza la resurrección.

serpentinos mesoamericanos. La capacidad de las serpientes para mudar de piel llamaba la atención, e hizo pensar en un vínculo con el rejuvenecimiento: de acuerdo con una superstición, una persona podía recuperar su juventud comiéndose una serpiente. En todo el mundo había cultos a la serpiente, que en ocasiones tenían un elemento claramente fálico. No obstante, también estaba muy extendida una asociación con la envidia, los celos y el engaño: algunos pueblos norteamericanos acusaban a los mentirosos de hablar con lenguas bífidas, y en la obra literaria más antigua del mundo, el *Poema Épico de Gilgamesh*, una serpiente robaba la planta de la inmortalidad que el héroe había luchado por descubrir.

El dragón

Productos primigenios de la imaginación humana, los dragones eran conocidos en todo el mundo, aunque su simbolismo variaba enormemente de un lugar a otro.

LA ABEJA VIRTUOSA

La abeja, emblema universal de laboriosidad, también tenía connotaciones imperiales. Napoleón adoptó este insecto como símbolo personal, siguiendo el ejemplo de los primeros reyes merovingios y carolingios de Francia. Según una antigua tradición, si se posaba una abeja sobre la boca de un bebé que estuviera en su cuna la futura elocuencia de éste quedaba asegurada: a Platón se le llamó la Abeja Ateniense por este motivo, y se contaban historias parecidas sobre Sófo-

cles. Debido a la naturaleza ordenada de la colmena, a la organización social de sus ocupantes y a la producción del saludable panal de miel, las colmenas, símbolo de san Ambrosio, se convirtieron en una popular metáfora de las comunidades monacales cristianas. Historias de todo el mundo, desde América del Norte a Japón, presentaban a las abejas como auxiliadoras en épocas difíciles, que formaban enjambres para atacar a cualquier enemigo que representara una amenaza.

En general, los dragones orientales eran criaturas de poder que podían ser protectores benévolos si se les trataba con respeto. En los cielos, se consideraba que los dragones traían la lluvia, mientras que en la Tierra se convirtieron en un símbolo imperial (*véase* ilustración de la izquierda): los emperadores de China se sentaban en el Trono del Dragón. En la mitología clásica, los dragones eran temibles y atentos guardianes de tesoros (su nombre venía del griego *drakos*, que significaba «ojo»), a los que se enfrentaron héroes como Jasón y Heracles. La tradición cristiana, inspirándose en el dragón rojo del Apocalipsis, con sus siete cabezas y sus diez cuernos, consideraba que estas fieras eran demoníacas, presas para asesinos de dragones como san Miguel y san Jorge.

La tortuga

Sinónimo de lentitud y paciencia en Occidente, como en la historia de su carrera con la liebre, ocupaba una posición más importante en la mitología oriental, donde personificaba la responsabilidad y la fuerza. En China, la Tortuga Negra era uno de los cuatro símbolos de las constelaciones (*véase* página 111), mientras que en la cosmología hindú, la tortuga Chukwa llevaba sobre su caparazón al elefante que sostenía el mundo.

El sapo

El inofensivo sapo, considerado durante mucho tiempo la fealdad personificada, soportó un desdichado destino simbólico como criatura de brujas y hechiceros. Según una antigua superstición, los sapos eran venenosos. Los tragadores de sapos originales eran ayudantes

EL OURÓBOROS

La palabra «ouróboros», que en griego significa «devorador de colas», se refería a una serpiente o dragón enroscado en un círculo con su cola en la boca. Esta imagen se hallaba en la mitología de todo el mundo, desde Centroamérica hasta Europa, África e India. Uno de los ejemplos es Jormungandr, la serpiente del mundo escandinava que creció hasta rodear la Tierra. Este símbolo también fascinaba a filósofos y místicos, que veían en él una imagen de la vida que continuamente se renueva a partir de sus propios recursos (la imagen del centro es de *Anatomia auri*, 1628, de Johann Daniel Mylius). Entre las leyendas dahomeyanas había una versión más siniestra de este mismo tema. Se decía que su serpiente del mundo, Aido Hwedo, vivía de los recursos minerales de la Tierra, pero que cuando finalmente se agotaran, se devoraría a sí misma, provocando el fin del mundo.

de charlatanes vendedores de medicinas, que fingían tragarse sapos vivos con el fin de que el brebaje «curalotodo» los resucitara milagrosamente. En un sentido más positivo, a veces también se pensaba que los sapos tenían propiedades curativas, basándose en el principio homeopático de que una cantidad muy pequeña de una sustancia perniciosa podía producir un efecto beneficioso. Y lo que era aún más extraño, popularmente se pensaba que tenían joyas en la frente.

El escorpión

Sinónimo de la malicia y la envidia por su veneno, también se pensaba del escorpión que producía un antídoto para los males que causaba. En palabras del escritor satírico del siglo XVII Samuel Butler: «Es cierto que se dice que el aceite de un escorpión / cura las heridas que provocó su veneno».

LAS CRIATURAS DEL AIRE

Intermediarios alados de los dioses

Tradicionalmente, el cielo se ha considerado el reino de los dioses, así que a las criaturas que lo habitaban a menudo se les otorgaba características espirituales. Las almas a veces se mostraban en la iconografía cristiana con alas, al igual que los ángeles y otros seres semidivinos. También en el mundo clásico los romanos observaban el cielo y el vuelo de los pájaros para descifrar la voluntad de sus dioses mediante la adivinación. Mucho antes de la era de la aviación, los chamanes se vestían con trajes emplumados para hacer viajes espirituales. En general, los pájaros representaban el elemento del aire: ligero, etéreo y con un toque de esplendor celestial.

El águila

Gobernaba los cielos así como el león era el rey de los mamíferos, por lo que no debe extrañarnos que estas dos criaturas tuvieran en común unas asociaciones similares con la realeza y el imperio. Las águilas sirvieron como emblema para el Imperio bizantino, la Francia imperial, Rusia, Alemania, el Imperio austrohúngaro y Prusia, y el Águila Calva es el símbolo de Estados Unidos. En la mitología, este pájaro se asociaba a Zeus y Júpiter y aparecía en los estandartes de las legiones romanas, y en los funerales de los emperadores se soltaba un águila desde la pira para simbolizar el paso del gobernante muerto a la otra vida. En el arte cristiano, representa a san Juan Evangelista, de ahí su frecuente aparición en los facistoles de las iglesias. Sus ojos han simbolizado la vista aguda por lo menos desde la época del Antiguo Testamento, cuando Job, en el libro que lleva su nombre, comentaba sobre el pájaro que «sus ojos exploran a lo lejos».

EL HALCÓN
Símbolo de Horus, este señor rapaz de los cielos era célebre por su aguda vista y por su gran capacidad letal. Los halcones eran símbolo de vigilancia y agresividad.

El cuervo

Pocos pájaros estaban dotados de un simbolismo tan complejo y contradictorio como el cuervo, al que se veía al mismo tiempo como un símbolo de destrucción y como un espíritu protector. El poema del mismo nombre escrito por Edgar Allan Poe resumía la antigua reputación que tenía este pájaro de ser un presagio funesto. La propia tradición se remontaba por lo menos a la época romana, cuando se decía que los cuervos habían predicho la muerte tanto de Julio César como del emperador Augusto; se comentaba incluso que un cuervo había entrado en la casa del orador Cicerón el día de su asesinato,

y había desordenado los cobertores de su cama. El aspecto profético del pájaro fue reconocido por los antiguos griegos, que hicieron que fuera sagrado para Apolo, y posteriormente por los árabes, que le otorgaron el sobrenombre de *abu zajir*, «padre de los augurios».

Tanto la mitología escandinava como la celta asociaban los cuervos con las batallas, sin duda debido a su gusto por la carroña. La diosa de la guerra celta, Morrigan, a veces adoptaba la forma de un cuervo en el campo de batalla, mientras que la deidad nórdica Odín confiaba en dos cuervos, Hugin y Munin, para que actuaran como espías para él, informándole de todo lo que sucedía en el mundo. No obstante, estos pájaros también poseían un simbolismo más positivo, basado sobre todo en su inteligencia y astucia. Hoy en día se sigue considerando a los cuervos de la Torre de Londres pájaros protectores cuya presencia garantiza el bienestar nacional; se supone que su linaje tiene su origen en Bran el Bendito (el nombre significa «cuervo»), un héroe galés cuya cabeza (según el *Mabinogion*) se enterró en la Torre.

En la Biblia unos cuervos alimentaron al profeta Elías en el desierto, mientras que en las leyendas de la costa del Pacífico Norte de América el cuervo era un héroe

EL PAVO REAL
Algunas tradiciones asociaban los adornos de la cola del pavo real con la vigilancia o incluso con el mal de ojo, y en muchos países europeos se pensaba que tener una pluma de pavo real en casa daba mala suerte.

cultural embaucador (*véase* ilustración) célebre por su apetito voraz, que daba forma al paisaje y proporcionaba lo que los humanos necesitaban para sobrevivir.

El pavo real

Para el autor del *Physiologus*, era la principal inspiración para los bestiarios medievales y con la gloriosa exhibición de su cola, era un emblema de la vanidad. Este simbolismo fue adoptado, como era de esperar, por los monarcas que se sentían deseosos de exhibir su propia magnificencia, y hasta la revolución de 1979, los shahs de Persia se sentaban en el Trono del Pavo Real. El más importante de los siete seres santos que veneraban los yazidís kurdos de Irak era el Ángel del Pavo Real.

El buitre

El buitre, considerado casi universalmente como un pájaro de mal agüero cuya presencia presagiaba la muerte, tenía unos atributos más positivos en Egipto. Allí,

EL BÚHO DE LA ERUDICIÓN

El pájaro de Atenea era el sabio búho viejo, que era sagrado para la diosa griega del conocimiento y que fue adoptado como emblema de Atenas, la ciudad que le fue dedicada a su nombre. Aún hoy en día en inglés se describe a un estudioso como «owlish» («que parece un búho», que tiene aspecto serio). Sin embargo, en otros lugares la reputación del pájaro era menos favorable. Sus hábitos nocturnos, su forma de vida depredadora y su evocador e inquietante ulular hicieron que se le asociara con la muerte. Generalmente era considerado un pájaro de mal agüero, y en el Libro del Levítico se incluía entre las aves sucias. En Europa, a veces eran ayudantes de las brujas, mientras que en algunas partes de África se les asociaba con los hechiceros. Los antiguos romanos los consideraban especialmente funestos. Se suponía que un búho había entrado en el cuarto de Commodus poco antes de que fuera asesinado.

este pájaro estaba personificado como Nekhbet, patrona del Alto Egipto, y su imagen protectora aparecía regularmente en la corona doble del faraón.

La grulla

En general se creía que las grullas, pájaros elegantes y célebres por sus muy elaborados rituales de apareamiento, eran presencias auspiciosas. En el Oriente Próximo eran símbolo de longevidad (*véase* a la derecha, un *mon* o blasón japonés), y en China se decía que los Inmortales de las leyendas taoístas viajaban por los cielos montados en grullas. También se asociaba a la fidelidad debido a su costumbre de conservar la misma pareja durante muchos años, por no decir durante toda la vida. En los bestiarios occidentales se ganaron la reputación de ser vigilantes por una historia de Plinio en la que se contaba que las grullas centinelas hacían guardia asiendo un guijarro con una garra levantada; si se dormían, les despertaba el ruido que hacía la piedra al caer al agua.

El grajo

Al pertenecer también a la familia de los córvidos, los grajos comparten muchas de las cualidades de los cuervos, entre ellas su color negro carbón, y tradicionalmente expresaban un simbolismo divergente de modo similar. Al igual que los cuervos, a menudo se les consideraba pájaros de mal agüero; a los escritores de cartas anónimas ofensivas que de vez en cuando asolaban los pueblos franceses a menudo se les daba el sobrenombre de «cuervo», por la película del mismo título de Henri-Georges Clouzot, rodada en tiempo de guerra. La asociación con los campos de batalla, como en la balada fronteriza de *Los dos cuervos*, en la que dos cuervos discutían sobre la mejor forma de disponer del cuerpo de un caballero recién asesinado, también se trasladó a los grajos. Sin embargo, sus aspectos más benignos también tuvieron repercusión. Para el pueblo chipewaan del Canadá Ártico, el grajo des-

MURCIÉLAGO
En China, los murciélagos se asociaban a la buena suerte y la felicidad: cinco murciélagos, mostrados en grupo, representaban las bendiciones de la salud, la riqueza, el amor a la virtud, la vejez y una muerte natural.

empeñaba un papel parecido al que tenía el cuervo en los cuentos de sus vecinos de la costa occidental. Un mito chino describía cómo, en tiempos remotos, unos grajos sobrenaturales habían llevado por turnos de una parte a otra de la Tierra no menos de diez soles distintos. Los creadores de la película de dibujos animados *Dumbo* fueron los encargados de crear al grajo avispado, con lo que pusieron al día para la época moderna la imagen de este pájaro inteligente y oportunista.

La urraca

Pariente del grajo y del cuervo, también inspiraba emociones encontradas. Generalmente considerada funesta en Occidente y condenada a menudo por sus hábitos de ratería, como en la *Urraca ladrona* de Rossini, este pájaro también era admirado a regañadientes por su ingenio, un poco al estilo del zorro. En contraste con ello, normalmente las urracas de brillantes colores del Oriente Próximo se consideraban propicias, y hoy en día siguen apareciendo en las tarjetas de felicitación como signo de buena suerte y buenaventura.

El gallo

Emblema nacional de Francia, generalmente se consideraba símbolo de vigilancia, que hacía guardia para anunciar el amanecer. Su canto llegaba al mundo de los espíritus, ya que los fantasmas y los vampiros huían antes de que cantara. Estos pájaros, dedicados a Apolo en la época clásica debido a su conexión con el sol naciente, también sirvieron como símbolo de la masculinidad; en Hungría, los novios solían llevarlos a la iglesia antes de la boda. En la tradición cristiana, los gallos frecuentemente aparecían en las veletas de los campanarios de las iglesias, con lo que convocaban simbólicamente a los creyentes al culto; según una tradición islámica, cuando el gran gallo del primer cielo dejara de cacarear, el Día del Juicio Final estaría próximo.

El cisne

Imagen de la belleza y la elegancia, los cisnes llegaron a las tradiciones populares en forma de cuentos sobre doncellas cisnes, mujeres encantadoras que se ponían galas emplumadas para adoptar la forma de estos animales. Una antigua leyenda insistía en que los cisnes cantaban una vez en sus vidas como señal de que su muerte estaba próxima: esa es la idea que subyace en la expresión «canto del cisne», que se utiliza para describir una última actuación. En casi todas las tierras donde era conocido, el cisne era un emblema de la belleza, ya fuera espiritual (en la India a veces se denominaba a los místicos *Paramahamsa* o «Cisne Supremo») o artística, como en el símbolo del movimiento modernista en la poesía hispanoamericana o en la descripción que Ben Jonson hizo de Shakespeare como el Cisne de Avon.

El murciélago

Los murciélagos tenían en común con los búhos su aversión a la luz del día y se vieron salpicados por las mismas supersticiones que se proyectaban sobre aquellos: en ocasiones se clavaban murciélagos muertos en las puertas de los graneros para ahuyentar a los espíritus malignos, igual que se hacía con los búhos muertos. Los murciélagos vampiros de América del Sur, que se alimentaban de sangre, contribuyeron a ensombrecer aún más la reputación de estos animales, y en el *Popol Vuh*, la epopeya maya del origen del mundo, un murciélago de la muerte decapitaba a uno de los Héroes Gemelos en una visita al averno. No obstante, algunas culturas tenían de él una visión más favorable. Los tonganeses trataban con respeto a los murciélagos, ya que consideraban que eran las reencarnaciones de las almas de los muertos, mientras que en China se asociaban a la buena suerte y la felicidad.

EL CAURI
La concha del cauri evoca la feminidad y la fertilidad, y su uso decorativo sirve a veces para expresar amor.

LA VIEIRA
La concha de la vieira era, y es, el símbolo de los peregrinos que se dirigían al sepulcro de Santiago, en Santiago de Compostela, en el noroeste de España.

LAS CRIATURAS DEL AGUA

Habitantes de las profundidades

Las aguas son la parte menos explorada de la superficie de la Tierra; hoy en día, algunas partes de los océanos y de algunos lagos siguen siendo relativamente desconocidas. Por tanto, el simbolismo de las criaturas que viven en ellos ha sido más siniestro y opaco que la imaginería que está asociada a las fieras con quienes las personas comparten la Tierra. Un aura de misterio rodeaba a los habitantes de las profundidades, y había cuentos que giraban en torno a serpientes y monstruos marinos que databan de los tiempos más remotos. No obstante, los peces también se convirtieron en un símbolo de Cristo, el pescador de almas, y algunas especies también tenían connotaciones positivas: los celtas contaban historias sobre el Salmón de la Sabiduría, mientras que en el Oriente Próximo la carpa era una imagen de buena suerte y longevidad.

El salmón

En las historias que contaban algunos pueblos de la costa del Pacífico al norte de América, el Muchacho Salmón era un héroe, ya que se admiraba al salmón como un símbolo del valor y la perseverancia, por su lucha por regresar a su río natal para desovar. Es posible que una lógica similar subyaciera a las historias irlandesas que giraban en torno al Salmón de la Sabiduría, que daban a entender que el conocimiento se lograba mediante un esfuerzo prolongado y paciente.

La carpa

Puede vivir hasta sesenta y cinco años, así que no es de extrañar que en China se convirtieran en símbolos de la longevidad. También pueden saltar hasta una altura de tres metros, lo que dio pie al refrán «la carpa salta sobre la puerta del dragón», que se aplica a alguien de condición humilde que obtiene una distinción inesperada. Los *kois*, una variedad doméstica de la carpa común, son populares peces decorativos, sobre todo en Japón, donde se asocian al amor y la amistad.

La ballena

Uno de los probables orígenes del Leviatán bíblico, también entró en la leyenda del Antiguo Testamento como la criatura que engulló al profeta Jonás, que pasó tres días en su vientre antes de ser devuelto al mar. Mientras tanto, la caza de ballenas generó un elaborado ritual, especialmente entre los *inuit* de la costa, que dependían de estos animales como fuente vital de alimento y aceite. Se ponía un gran cuidado en apaciguar a estos animales de presa mediante cantos, conjuros y representaciones rituales de la caza. Después de dar muerte a una, su cuerpo era recibido en tierra con cantos y bailes, y la comunidad hacía tres días de luto para aplacar el espíritu de la ballena antes de darse un festín.

El delfín

Los delfines, célebres por su cordialidad con los humanos, aparecían en obras de arte de la Creta minoica, y una muy conocida leyenda griega contaba cómo el poeta Arión se había arrojado al mar para escapar de los piratas y un delfín lo había llevado de vuelta a tierra. Estas criaturas también sirvieron como mensajeras del dios marino Poseidón. En la India, el legendario *makara* que Ganga, la diosa del río Ganges, usaba como montura, en ocasiones se representaba como un delfín de río. Algunos cuentos de América del Sur describían al *boto*, o delfín del río Amazonas, como un ser metamórfico que podía adoptar forma humana para aparearse con mujeres y engendrar hijos.

LAS PIEDRAS Y LOS MINERALES
Bienes de la tierra

EL HIERRO
Wellington era el duque de Hierro, Bismarck el canciller de Hierro y Thatcher la dama de Hierro. Este metal, elemento habitual en la corteza terrestre, representaba la fortaleza, la eficacia, la implacabilidad y la inflexibilidad, cualidades que podían admirarse, pero que raramente se apreciaban.

Muchas antiguas culturas creían que los dioses habían creado las piedras y los minerales, y que por consiguiente conservaban una cualidad numinosa. Los incas y otros pueblos andinos veneraban las *huacas*, santuarios naturales que a menudo adoptaban la forma de desnudos afloramientos rocosos. Las piedras preciosas se tenían en mayor estima aún, como prueba de que los dioses se deleitaban creando objetos hermosos. Los metales adquirían su valor en relación con lo escasos que fueran, de modo que el cobre y su aleación, el bronce, generalmente se tenían en mayor estima que el hierro. Para los chinos, el jade representaba la longevidad, y hubo una época en la que se enterraba a las personalidades destacadas con trajes de esta preciosa piedra verde con la esperanza de prolongar así su existencia espiritual. Con todo, ninguna sustancia podía competir con el prestigio mundial del que gozaba el oro, el majestuoso metal cuyo lustre emulaba el fulgor del sol.

El oro

Los aztecas lo llamaban *teocuitlatl*, el «excremento de los dioses», y asociaban este metal, el más precioso de todos, con el Sol, una asociación que también establecieron los alquimistas europeos medievales. Por lo demás, el simbolismo del oro se bifurcaba en dos sentidos. Por un lado, expresa la gloria suprema, como en las medallas de oro de los Juegos Olímpicos o las diversas edades de oro que han honrado la historia humana. Por otro lado, se asociaba con la codicia y los falsos dioses, como en la imagen bíblica del Becerro de Oro. El naturalista romano Plinio, que escribió desdeñosamente que Marco Antonio orinaba habitualmente en bacinas de oro, expresó su hostilidad contra el metal al afirmar que «la primera persona que puso oro en sus dedos cometió el peor de los crímenes contra la vida humana».

LA PERLA LLAMEANTE

Una imagen frecuente en el arte chino era la de un dragón persiguiendo una perla que emitía remolinos de luz semejantes a llamas. Este motivo de la era Tang (618-907 d. C., *véase* derecha) parece haberse originado en Asia central. Los estudiosos occidentales solían ver un simbolismo celestial en el emblema, y creían que representaba un dragón del cielo que se tragaba la Luna, emulando un eclipse. Los intérpretes orientales, sin embargo, tendían a ver la perla como un emblema espiritual, que encarnaba la perfección del espíritu para los taoístas y la sabiduría trascendental para los

budistas y los hindúes. En la imaginación popular, la perla llameante adquirió un significado más sencillo como la Perla de la Potencialidad, una gema que podía conceder deseos y que tenía la capacidad de multiplicarse hasta el infinito.

El diamante

El más duro de los materiales naturales, tomó su nombre del griego *adamas*, «invencible». Aun así, Plinio tenía la curiosa idea de que se disolvía en sangre de cabra. Para los romanos eran el lujo más preciado y la mayoría de las otras culturas también le otorgaban una elevada posición, aunque en Persia se creía que traían mala suerte. En la India, estas gemas se usaban frecuentemente como ojos para las estatuas de los dioses. El *vajra* o rayo que blandía el dios hindú Indra literalmente significaba «diamante», mientras que el libro impreso más antiguo del mundo, una edición china del siglo IX del *Sutra del Diamante* budista, se llamó así porque el texto pretendía servir como una «hoja de diamante que se abriera paso por entre la ilusión mundana». En Occidente se convirtió en la piedra preciosa predilecta para los anillos de compromiso por su durabilidad, la cual no sólo hacía pensar en la fidelidad conyugal, sino que, en un sentido más práctico, también suponía que conservarían su valor durante más tiempo.

LOS UTENSILIOS

Objetos cotidianos que adquieren un significado especial

LA LLAVE
Símbolo
tradicional
de autoridad,
se entrega a los
papas recién
elegidos
en memoria
de la promesa
que Jesús hizo
a Pedro: «Te
daré las llaves
del reino del
cielo».

De un modo bastante obvio, el valor simbólico de los instrumentos creados manualmente procedía principalmente de los fines para los que se usaran. La extraordinaria veneración que se rendía al Santo Grial en la época medieval, por ejemplo, era producto de la creencia de que Jesús había bebido de él en la última cena. No obstante, en otros contextos la forma de la copa podría ser una sencilla imagen de camaradería, sin más resonancia que la que tienen los logotipos del cuchillo y el tenedor cruzados y la taza de té que aparecen en los paneles de información de las autopistas para indicar la presencia cercana de una estación de servicio. En general, los utensilios que llevaban el mensaje asociativo más intenso eran los que con el tiempo se vincularon con cualidades humanas esenciales: una escalera para indicar aspiración social, un ancla para expresar firmeza de propósito o la balanza para la justicia equilibrada.

La copa

«Llenas hasta arriba mi copa. De gracia y dicha me circundas todos los días de mi vida.» Como sugería el salmo, una copa llena era un poderoso símbolo de saciedad y de todo lo que la vida podía ofrecer. En contraste con ello, una copa volcada indicaba el vacío y la vanidad del placer sensual. Las copas también representaban la camaradería («la copa de la alegría»), y recientemente se han asociado con la victoria como premio preferido para los acontecimientos deportivos, desde los días en los que se celebran los encuentros deportivos escolares hasta lo más alto, la Copa del Mundo de la FIFA.

El compás

Tenía en común con la balanza parte de su simbolismo, y en su caso suponía razón y medida. El romántico William Blake satirizó esta imagen en su famoso grabado de sir Isaac Newton, en el que mostraba una figura desnuda que representaba al científico, que usaba compases en un intento, en última instancia fútil, de cuantificar la ilimitada creación de Dios.

La campana

Ha tenido un significado ritual desde tiempos remotos, pues se emplea para señalar el comienzo de las ceremonias religiosas por lo menos desde la época de los asirios. Las campanas también se han considerado durante mucho tiempo instrumentos consagrados que tenían la capacidad de ahuyentar los malos espíritus. En Siberia, los chamanes, a menudo, llevaban campanas para protegerse en sus viajes espirituales; en Europa occidental se afirmaba que el sonido de las campanas de las iglesias expulsaba a los gnomos de Escandinavia y hacía que las brujas voladoras cayeran del cielo. Durante muchos siglos se hizo sonar un toque de campana específico para proteger a los moribundos de los demonios, así como para animar a los caminantes a que rezasen por sus almas. En ocasiones también se hacían sonar las campanas de las iglesias para desterrar la peste o para hacer que amainaran las tormentas. En la época en la que escaseaban los relojes, señalaban el paso del tiempo; y mientras que el toque de difuntos avisaba de las muertes y los entierros, los repiques alegres anunciaban los bautizos y matrimonios.

El yugo

A los ejércitos conquistados por Roma se les obligaba a marchar bajo tres lanzas, dos de ellas colocadas en vertical y una de parte a parte, «pasando bajo el yugo» para expresar su sumisión. Desde esa época, este instrumento ha sido el máximo símbolo de la derrota y el sometimiento, asociado con la esclavitud así como con la derrota militar. Cuando el profeta Jeremías opinó que «bueno es para el hombre

LA TROMPETA
Las notas grandilocuentes que emite este instrumento anunciaban acontecimientos como las justas medievales, pero se convirtieron en un emblema de la importancia en general, el atributo personificado de la diosa Fama.

soportar el yugo desde su juventud», estaba expresando la idea de que la humildad puede ayudar a preparar el alma para recibir a Dios.

La balanza

Es la insignia principal de la justicia, e indica la cuidadosa ponderación de las pruebas y los testimonios que se requiere a la hora de llevar a cabo un juicio justo. Esta asociación se remonta a la época romana, cuando se mostraba a la diosa Justicia con los ojos vendados (para indicar su imparcialidad) y asiendo una espada y una balanza. Más atrás en el tiempo, una imagen similar había sugerido que el destino del alma humana estaba en manos de los dioses. Algunas imágenes del *Libro de los Muertos* del antiguo Egipto mostraban una escena de un juicio en el que el corazón del difunto se contrapesaba con una pluma que representaba la verdad en presencia del pavoroso juez Osiris. Si el corazón resultaba ser más ligero, el muerto podría seguir adelante para acompañar a los dioses, pero si era más pesado, él o ella serían consumidos durante toda la eternidad por un monstruo con cabeza de cocodrilo. Una idea similar inspiró la revelación bíblica que predijo la caída del rey Baltasar de Babilonia: «Has sido pesado en la balanza y encontrado falto de peso».

El ancla

San Pablo describió la esperanza como «un ancla segura y firme del alma», reflejando la importancia de este instrumento como emblema de seguridad y estabilidad. En los primeros tiempos del cristianismo, el ancla sirvió también como *crux dissimulata*, una cruz enmascarada cuya forma cruciforme era reconocida por los creyentes pero pasada por alto por sus perseguidores romanos.

La lira

Es el más antiguo de todos los instrumentos de cuerda, y aparece en monumentos sumerios que datan de hace cinco mil años. Los primeros ejemplos eran grandes,

y descollaban sobre los intérpretes que se sentaban delante de ellos, pero en torno al 1000 a. C., comenzaron a aparecer en Egipto liras portátiles más pequeñas. En la Grecia clásica la lira era el instrumento de Apolo, en cuyas manos se convertía en el símbolo del poder mágico de la música; según la leyenda, el dios tocaba una mientras se construía Troya, y las piedras bailaban de *motu propio* hasta sus posiciones asignadas. Orfeo usó su lira para embelesar a los pájaros y las fieras e incluso para ablandar el corazón del pavoroso Hades; Arión tocó de forma tan atractiva que un delfín ascendió de las profundidades para rescatarlo cuando fue arrojado al mar por unos piratas. Aún hoy en día en los festones de las salas de conciertos pueden verse a menudo liras que representan el triunfo de la armonía.

EL SANTO GRIAL

Jamás se buscó ningún trofeo más fervientemente que el Santo Grial, del que se decía que era el cáliz que se empleó en la última cena y que posteriormente se utilizó para recoger la sangre de Cristo en la crucifixión. Según una versión habitual de la historia, José de Arimatea llevó después el Grial a Gran Bretaña; otra sostenía que los ángeles lo habían llevado desde el cielo a una fortaleza situada en lo alto de una montaña, donde lo custodiaba una hermandad jurada de caballeros. La misión de encontrarlo que emprendieron los caballeros de la corte del rey Arturo se convirtió en el gran relato de ficción de la Edad Media. Hoy en día, la palabra «grial» se usa metafóricamente para describir cualquier objetivo perseguido durante mucho tiempo que implique dedicación y esfuerzo, especialmente si la búsqueda es tanto práctica como espiritual.

LAS ARMAS
Una panoplia de armas

Las armas eran, por encima de todo, símbolos de poder, que reflejan la autoridad que se ha concedido a la fuerza a lo largo de la mayor parte de la historia humana. El martillo de Thor y el tridente de Neptuno, al igual que las espadas blandidas por innumerables reyes en sus estatuas, representaban el dominio mediante la fuerza. No obstante, algunas armas transcendían sus orígenes violentos para representar principios más amplios garantizados por la amenaza de la coacción, como la flecha de la verdad o la espada de la justicia. Y la no violencia también tenía sus propias imágenes que la identificaban, desde la flecha rota y el calumet hasta el conocido logotipo circular de la Campaña para el Desarme Nuclear, adoptado en todas partes por los defensores de la paz.

La espada

Hasta muy recientemente, en toda Eurasia las espadas han sido el principal símbolo de la guerra. «El fuego y la espada» significaban la devastación militar, mientras que «pasar por la espada» era matar. Alguien que se ceñía su espada se estaba preparando para el combate, mientras que envainar la espada indicaba que la paz estaba próxima, quizá incluso llegaba una época en la que las espadas se habrían de convertir en rejas de arado, como se predecía en el Libro de Isaías de la Biblia. La mayoría de los héroes de las leyendas tenían su propia espada especial, la de Arturo era Excalibur, la de Rolando Durandal, mientras que, en la vida real, los guerreros samurái de

Japón consideraban que sus aceros eran sus posesiones más preciadas. No obstante, la espada también tenía significados simbólicos más amplios. Podía ser el arma de la verdad que se abría paso por entre la falsedad, por ejemplo, san Pablo describió la palabra de Dios como «la espada del espíritu». Las estatuas de la Justicia la mostraban con una espada para castigar a los malhechores.

La flecha

La mitología americana, especialmente, asociaba las flechas con las tormentas. El dios del cielo mesoamericano Mixcoatl llevaba un haz de flechas, quizá porque también estaba asociado con la caza, mientras que los cheyenne de las Grandes Llanuras custodiaban cuatro flechas medicinales sagradas, que, según se decía, habían sido suyas desde la creación del mundo. Las flechas rotas significaban la paz, mientras que los dardos de Cupido representaban el dolor que podía causar el amor. Cuando William Blake pedía sus «flechas de deseo», reclamaba herramientas que le ayudaran a crear una Jerusalén inglesa.

El arco

Cuando Ulises regresó a Ítaca después de dos décadas en la guerra de Troya, usó su viejo arco para demostrar su identidad. Sólo él fue capaz de disparar una flecha a través de los ojos de los mangos de una docena de hachas puestas en fila; ninguno de los que lo intentaron logró siquiera encordar el arco. Los arcos estaban generalmente asociados a la fuerza y la destreza, aunque el guerrero desconocido que mató a Ahab de Israel en el Libro de los Reyes de la Biblia lo hizo simplemente tensando su arco «a la ventura». Tener dos cuerdas en el arco era una sabia precaución frente a las emergencias.

El tridente

Quedó indeleblemente unido a Neptuno, el dios romano del mar. La figura de Britania, adoptada como emblema del Imperio británico, evocaba deliberadamente la deidad para invocar el poderío naval británico junto con las ambiciones imperiales de la nación.

LOS EMBLEMAS DE LA AUTORIDAD

El poder temporal y sus adornos

EL BÁCULO
Un bastón con gancho de cayado de pastor en su parte superior, sirvió en el mundo cristiano como símbolo del papel pastoral de los dignatarios de la Iglesia como pastores para su grey.

Una de las tendencias características de la vida política moderna es la desacralización del poder. Un abismo separa los discretos trajes de oficina y las formas de tratamiento por el nombre de pila de las que son partidarios los líderes democráticos modernos, del esplendor de los antiguos monarcas: desde los herederos de los muiscas de las actuales mesetas de Colombia, o a los que se cubría de la cabeza a los pies con polvo de oro al subir al trono, hasta los faraones del antiguo Egipto, a quienes se veneraba como dioses de la tierra. Los símbolos de la majestad secular también se trasladaron al ámbito celestial, y se imaginaba que la panoplia de tronos, coronas y cetros que adoptaban los reyes temporales adornaba a las deidades del cielo.

La vara

Los cetros reales (*véanse* páginas 72-73) eran versiones sofisticadas de la más humilde vara o bastón que tradicionalmente se asociaba a niveles inferiores de autoridad. De los dos, los bastones eran los que tenían connotaciones más amables, que los asociaban con la gente que viajaba a pie, en particular con los peregrinos y los monjes orientales. En contraste con ello, las varas recordaban el castigo: en inglés se dice «spare the rod and spoil the child» (literalmente, «si no se usa la vara, el niño será un malcriado», equivalente al español «la letra con sangre entra» o «quien bien te quiere, te hará llorar»); también encontramos la expresión «besar la vara» o, como dijo Jehová al rey de Israel en el salmo, «los regirás con vara de hierro». Había una visión más positiva de las varas que procedía de su asociación con los árboles. En Alemania existía la tradición de que, en ciertas festividades, los jóvenes azotaran a modo de juego a las mujeres con «varas de la vida», ramas con brotes recién cortadas, llevados por la creencia de que daban salud, energía y fertilidad. En la Biblia, la vara de Aarón floreció y dio almendras como señal de inspiración divina de que él y su tribu eran los legítimos sumos sacerdotes de Israel.

La corona

Signo supremo de la realeza, debía su primacía al papel de la cabeza como cuna del cerebro, origen de toda la actividad humana. La tradición se remontaba como mínimo a los primeros faraones que llevaban una elaborada doble corona que simbolizaba su reinado en el Alto y en el Bajo Egipto. En otros lugares puede que originalmente las coronas hayan sido diademas abiertas en su parte superior, que son en sí mismas una evolución de la costumbre de adornar a las personas con guirnaldas. Los romanos tenían una gradación de ocho

EL GORRO DE LA LIBERTAD

Las ilustraciones contemporáneas de la Revolución francesa muestran a unos combatientes callejeros de clase obrera que llevan un inconfundible gorro rojo. De textura flexible, era fácilmente reconocible por su punta caída, que colgaba hacia adelante o hacia un lado. Conocido en la época como el «gorro de la libertad», se inspiraba en la antigua Roma, donde los libertos —esclavos emancipados por sus amos y a los que se concedía la ciudadanía— habían llevado un gorro similar. Su origen hay que buscarlo en Frigia, un reino de Anatolia central, aunque había aparecido anteriormente en el arte griego, donde

era una prenda que denotaba exotismo. Mucho tiempo después, las fuerzas que combatían contra la Corona británica adoptaron el gorro frigio —como pasó a conocerse— como un símbolo de la independencia estadounidense. Mostrado en lo alto de un «poste de la libertad» en una ciudad o en un pueblo, servía como declaración pública de intención revolucionaria. Los voluntarios franceses que lucharon junto a los ejércitos de Washington se llevaron el emblema a casa, y hoy en día Marianne, símbolo nacional de Francia, lleva un gorro de la libertad.

coronas diferentes para premiar distintos grados de éxito militar, que abarcaban desde sencillas guirnaldas de flores silvestres hasta coronas doradas. Al igual que otros emblemas de poder, las coronas otorgaban tanta gloria como preocupaciones. Shakespeare convirtió las tensiones provocadas por los altos cargos en uno de sus temas principales, acuñando la frase «la corona vacía» para describir las incertidumbres del reinado y realizando el memorable comentario de Enrique IV: «Inquieta vive la cabeza que lleva una corona». Una corona incluso podía convertirse en un instrumento de burla, como cuando los soldados romanos hicieron una corona de espinas para Jesús en el momento de su crucifixión, aclamándole irónicamente como rey de los judíos.

El mayal

Los faraones del antiguo Egipto solían llevar un cayado y un mayal de trillar como emblemas de su autoridad. En otras partes de África, los espantamoscas eran símbolos de monarquía; Jomo Kenyatta, fundador de la Kenya moderna, llevaba uno como emblema de poder tradicional de los masai.

EL MAYAL
Los faraones del antiguo Egipto portaban el cayado y el mayal, lo cual indicaba su papel como garantes del suministro de comida y apoyo pastoral para el pueblo.

El cetro

En *El mercader de Venecia*, Portia decía de los gobernantes: «Su cetro muestra la fuerza de su poder temporal, / el atributo de la intimidación y la majestuosidad / en que se asienta el respeto y temor a los reyes». Al caballeroso dramaturgo James Shirley le correspondió la tarea de explicar en detalle las limitaciones del poder: «Cetro y corona / caerán. / Y en el polvo, se igualarán / a la guadaña y la azada del pobre». Como símbolos de majestad, los cetros podían manifestar tanto las glorias como la caída de una posición elevada. En la mitología, Agamenón llevaba un bastón de mando al que había dado forma Hefesto, el dios de los artesanos y la metalurgia, y que uno tras otro poseyeron Zeus, Hermes, y los reyes Pelops, Atreo y Tiestes. A menudo se hablaba tanto del *vajra* («rayo») que sostenían los sacerdotes hindúes durante las ceremonias religiosas, como del *dorje*, su equivalente tibetano, refiriéndose a ellos como pequeños cetros. Actualmente en la punta del enjoyado cetro dorado de los monarcas británicos sigue habiendo una cruz y un orbe (*véase* ilustración, derecha) que representa el globo, montado sobre el famoso diamante Cullinnan I, extraído del diamante de calidad gema más grande que se ha descubierto jamás.

El trono

Literalmente el «asiento del poder regio», con el tiempo se convirtió en un sinónimo del cargo de la realeza; aquellos que visualizaban a Dios como un monarca celestial se lo imaginaban sentado en un trono celestial. Salomón se sentaba en un trono de marfil recubierto de oro al que se accedía subiendo seis peldaños, ya que una función del trono a lo largo del tiempo ha sido elevar físicamente a sus ocupantes sobre el nivel de aquellos que lo rodeaban. Tal exaltación no era del gusto del franco Samuel Johnson, que tenía la opinión de que el trono de la felicidad humana era una silla de taberna.

La faja

Era un antiguo emblema de fidelidad, pues recordaba quizá el cinturón que Vulcano hizo a su esposa Venus, el cual se le cayó cuando coqueteó con Marte, el dios de la guerra. En épocas posteriores, en ocasiones se decía que los cinturones proporcionaban protección frente a las brujas, mientras que los que estaban bendecidos por un sacerdote supuestamente garantizaban aliviar los dolores del parto.

LA LUZ Y EL FUEGO
La imaginería de la iluminación

«Entonces dijo Dios: "Haya luz", y hubo luz.» El simbolismo de la iluminación tenía un gran alcance, cubría tanto la revelación física como la espiritual, y casi siempre tenía connotaciones positivas, al inspirarse en el resplandor primigenio del Sol. El fuego compartía con él parte de ese mismo prestigio, aunque el brillo de las llamas también podía tener un aspecto amenazador o destructivo. Las carbonillas o las cenizas, que eran reflejos de la mortalidad en muchas culturas, expresaban el destino de aquellos que quedaban consumidos por un exceso de calor y luz.

EL NIMBO
Esta aureola de luz que a veces rodea el Sol o la Luna está producida por la refracción de la luz a través de la neblina. Debido a una asociación entre la luz y la divinidad, se utilizaron los nimbos y las aureolas para indicar la santidad de figuras como los santos cristianos.

LA LLAMA

Para muchos pueblos diferentes, las llamas eran símbolo de la purificación, que consumía los pecados. El culto zoroastrista del fuego parece haberse originado en la costumbre de los primeros persas de la ordalía por el fuego. Aquellos que sobrevivían a la prueba no sólo eran absueltos de cualquier crimen, sino que además salían física y mentalmente fortalecidos, algo que también se afirma en la actualidad de quienes caminan descalzos sobre el fuego. En la creencia judía y cristiana, Dios a veces hablaba desde el fuego (el arbusto ardiente de Moisés no fue sino un ejemplo de ello), mientras que en el arte chino y musulmán, una llama servía en ocasiones para representar la presencia divina. En el mundo secular, las llamas se han usado durante mucho tiempo para simbolizar la pasión física, un sentimiento conservado en la expresión inglesa «an old flame» («una vieja llama», un antiguo enamorado). Para los alquimistas, el fuego era un agente transformador fundamental para la creación de la Piedra Filosofal; para los apocalípticos, era el agente de destrucción que un día consumiría la Tierra.

La antorcha

Una antorcha, almenara de la libertad en la mano de la famosa estatua que representa este elevado principio universal, era simbólicamente una llama que se levantaba en alto para que todos la pudieran ver. La antorcha de los Juegos Olímpicos modernos, que resucitó una antigua tradición, expresa los ideales de la caballerosidad, la deportividad y el esfuerzo por la excelencia, y «pasar la antorcha» significa hoy en día el acto de pasar de un individuo a otro cualquier ambición elevada.

El alba

Símbolo universal de la esperanza y los nuevos comienzos, señalaba el regreso de la luz a medida que se disipaba la oscuridad de la noche. Japón se apropió de la imagen para su bandera, el sol naciente, que también se reflejó en su nombre Nippon (literalmente «el origen del Sol»), que hacía referencia a la situación oriental de la isla-nación respecto a China y Eurasia.

Las cenizas

«Ashes to ashes and dust to dust» (literalmente «de las cenizas a las cenizas y del polvo al polvo» en castellano «polvo eres y en polvo te convertirás»), dicen los sacerdotes ingleses cuando entierran a los muertos. En todo el mundo, las cenizas eran símbolos de humildad y humillación, desde la costumbre de ponerse harpillera y cenizas en la penitencia que describe el Antiguo Testamento hasta la costumbre brahmánica de frotarse el cuerpo con ellas en la preparación para las ceremonias religiosas. Los yoguis hindúes a veces aparecían desnudos, cubiertos únicamente por cenizas, para expresar su desprecio por el mundo material. También existía una conexión con la muerte y con el luto que venía de lejos; tanto los antiguos egipcios como los antiguos griegos se esparcían cenizas en la cabeza como señal de luto. Hoy en día los sacerdotes católicos siguen marcando las frentes de los penitentes con cenizas el miércoles de ceniza, el primer día de la Cuaresma.

EL TIEMPO Y LA MUERTE
Recuerdos de la mortalidad

La mortalidad tiene uno de los repertorios simbólicos más reconocibles del mundo, en el que abundan huesos, calaveras y esqueletos. También el tiempo, que conducía a los individuos hacia la muerte, adquirió una conocida imaginería de relojes de sol y de arena, la mayoría de los cuales señalaban una conciencia de *memento mori* sobre lo efímero de la existencia humana y animal. En las culturas hindúes y budistas, la Rueda de la Vida, que giraba a través del ciclo del nacimiento y la muerte, expresaba nuestra transitoriedad en este mundo y al mismo tiempo simbolizaba la reencarnación.

El Padre Tiempo

Normalmente se mostraba con una larga barba blanca y un reloj de arena y tenía sus orígenes en el dios romano Saturno y en su predecesor griego Cronos, que estaban asociados con el tiempo, y a los que se mostraba con una hoz. Esta figura pasó a representar el Año Viejo en las celebraciones de Nochevieja, y un bebé la sustituía cuando tocaba la medianoche.

El reloj de arena

Concebido para dejar que la arena fluyera de uno de sus extremos al otro y así sucesivamente, medía el paso del tiempo y hacía pensar en su infinita continuación. En la tradición hindú, Shiva poseía un tambor que tenía una forma similar que se usaba con fines rituales. En el budismo tibetano, los tambores estaban hechos con dos calaveras humanas, una masculina y la otra femenina, para garantizar el equilibrio entre el *yin* y el *yang*.

PELIGRO
Durante el siglo XIX, etiquetar los recipientes que contenían sustancias mortales con el emblema de la calavera y los huesos cruzados de la bandera pirata se convirtió en una práctica habitual. Hoy en día es el símbolo universal estándar para señalar el veneno y los materiales tóxicos.

La calavera

En todo tipo de culturas indicaba la naturaleza transitoria de la vida. El nombre del Gólgota, dónde Cristo fue crucificado, significaba «lugar de la calavera», mientras que un ermitaño cristiano representado con una calavera expresaba la contemplación de la muerte. Los antiguos celtas otorgaban una importancia cultural a las cabezas humanas, ya que creían que eran la sede de la fuerza vital, y en algunas culturas no occidentales se practicaba la caza de cabezas porque se pensaba que éstas eran el depósito del alma. En la Mesoamérica precolombina, los sacrificios humanos eran una parte importante de la práctica religiosa, y muchos emplazamientos de templos estaban adornados con calaveras, como el «muro de las calaveras» de Chichén Itzá. El símbolo de la bandera pirata con la calavera y los huesos cruzados fue utilizado durante mucho tiempo por los soldados que desafiaban un peligro mortal (*véase* recuadro), y ciertas sociedades secretas, como los Skull and Bones («Calavera y Huesos») de la Universidad de Yale en Estados Unidos.

LA MUERTE O LA GLORIA

El lema de los Lanceros Reales de la Reina, y la insignia de la calavera y los huesos de la gorra que lo acompaña, se remontan a 1759. Ese año, los precursores de este regimiento británico, el 17.º de Lanceros, se ganaron el nombre de los «Muchachos de la Muerte o la Gloria» en honor al oficial James Wolfe, que murió llevando a sus hombres a la victoria sobre los franceses en Quebec. Estos soldados convirtieron sus palabras en hechos al cabalgar hacia la muerte en la Carga de la Brigada Ligera en Balaclava, en la península de Crimea, en 1854.

La cabeza de la muerte, conocida como el *totenkopf*, también fue utilizada por la caballería en Prusia desde mediados del siglo XVIII hasta 1918. En la década de los 30, se resucitó una variante de este símbolo, que hizo tristemente célebre una división de Granaderos Panzer de la Waffen SS. Algunos batallones de reconocimiento estadounidenses modernos siguen luciendo informalmente la calavera y los huesos cruzados, aunque en la actualidad normalmente lo hacen en honor al conocido uso intimidatorio.

SEGUNDA PARTE

LOS SISTEMAS DE CREENCIAS

Los símbolos desempeñan un importante papel
en los asuntos humanos, desde la política
hasta el comercio. Pero es en los sistemas de
creencias donde resultan esenciales. Casi todas
las religiones del mundo emplean iconos visuales
para expresar ideas espirituales. Las sociedades
y las sectas también usan imágenes gráficas para
transmitir ideas esenciales y unir a sus miembros.
Los símbolos pueden convertirse incluso en
objetos de devoción que representen por sí
mismos los conceptos abstractos que encarnan.

LAS ANTIGUAS CIVILIZACIONES
Recuerdos de las primeras culturas

EL ANKH
El *ankh*, jeroglífico egipcio que representa la «vida», sigue siendo un símbolo popular hoy en día entre los neopaganos, así como entre los góticos y los hippies.

Algunos símbolos que son fáciles de recordar y están dotados de una infinita capacidad de sugerencia tienen una vida cuya duración supera a la de cualquier otra forma de comunicación humana. Las imágenes con las que estaban familiarizadas las primeras civilizaciones siguen presentes hoy en día. Unas conservan un aura de misterio primigenio, y otras pueden ser puramente decorativas, en forma de amuletos, logotipos empresariales e incluso tatuajes. Actualmente, también son reconocibles algunos dibujos cuyo origen se remonta a la época prehistórica. Puede que la obesa figura femenina conocida como la Venus de Willendorf se tallara hace unos veintidós mil años, pero su rotunda imagen conserva su fuerza como una representación de fecundidad identificable en todo el globo.

Entre la imaginería de las distintas épocas históricas, la iconografía del antiguo Egipto se ha hecho especialmente conocida desde que Occidente redescubriera la civilización faraónica en los siglos XVIII y XIX. A pesar de la influencia que ha tenido en culturas posteriores, Mesopotamia sigue siendo, en comparación, menos recordada y menos explorada. La Creta minoica y la antigua Persia son otros mundos que han dejado un gran legado de símbolos.

El Atón

Representado como un disco solar que emite rayos de luz, el Atón fue venerado como representación de la deidad única de Egipto, en el siglo XIV a. C., durante el reinado del faraón Ajenatón, al que se consideró un hereje debido a su monoteísmo. Tras la muerte del gobernante, él y todas sus obras fueron anatematizadas y se restauró el multitudinario panteón tradicional. El Atón simbolizaba la energía que daba la vida y que fluía de Ra-Horus —el dios creador cuyo nombre se escribía en un cartucho, como el de un faraón—, para expresar el papel soberano de Ra como gobernante del universo.

EL PECTORAL DE LAS DIOSAS GEMELAS

Este adorno para el pecho, hallado en la tumba de Tutankamon, muestra al joven rey como Osiris, protegido por las alas de Nekhbet, con su cabeza de buitre, protectora del Alto Egipto, y por Wadjet, la diosa cobra del Bajo Egipto. Osiris era el dios del averno y el que otorgaba misericordiosamente la vida eterna. El faraón lleva el cayado y el mayal que servían como emblemas de autoridad del dios y la corona *atef* asociada con su culto.

Los *uraeus* (1) que hay a ambos lados del pectoral se asociaban a Wadjet (2), así como con la autoridad real, representada por el faraón (3). El *ankh* (4), simbolizado aquí como un jeroglífico que significa «vida», aparece en el panel de texto contiguo a la imagen de Nekhbet (5).

EL ESCARABAJO
Este símbolo de transformación y renovación tenía un importante uso en las ceremonias de momificación. En las envolturas de Tutankamon se descubrió un escarabajo funerario, que se colocaba en el pecho de los muertos para estimular el renacimiento del alma.

El escarabajo

El humilde escarabajo pelotero, improbable símbolo solar, estaba asociado con Jepri, dios del Sol naciente. Así como el escarabajo hace rodar su pelota de estiércol, se pensaba que Jepri empujaba el Sol a través del averno cada noche antes de lanzarlo, al alba, en su viaje diario a través de los cielos. Así como el Sol renacía cada día, se pensaba que el propio escarabajo se regeneraba a sí mismo, al nacer a partir de res-

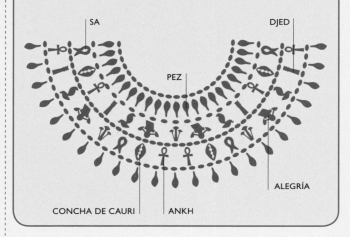

LOS PODERES PROTECTORES

Muchos egipcios llevaban amuletos para ahuyentar el mal y atraer la felicidad o la buena suerte. Un collar talismán como este (*véase* imagen inferior) podía tener diversos motivos tutelares, que normalmente incluían el pilar *djed*, que representaba la columna vertebral de Osiris, y el *ankh*. También aparecen en él conchas de cauri, que expresan la sexualidad y la fertilidad femenina; peces, para protegerse del peligro de ahogarse, y el signo *sa*, el jeroglífico que significaba «protección», parecido al *ankh*.

SA

DJED

PEZ

ALEGRÍA

CONCHA DE CAURI

ANKH

tos de insectos muertos o de las pelotas de estiércol donde viven sus larvas. Por ello, el insecto se convirtió en un símbolo de transformación y renovación.

El *ankh*

Tuvo su origen en el jeroglífico que representa la «vida» y aparece tradicionalmente en el arte del antiguo Egipto en las manos de un dios o de una diosa de quienes se pensaba que tenían el poder de conceder el renacimiento a la momia de un muerto. Las teorías modernas sobre su origen abarcan desde la idea freudiana de que representa unos órganos sexuales femeninos y masculinos estilizados y superpuestos, a la teoría de que imitaba la correa de una sandalia, ya que las palabras «vida» y «sandalia» estaban representadas por el mismo jeroglífico.

El *uraeus*

Era una estilizada cobra que escupía, símbolo de la diosa Wadjet, patrona del Bajo Egipto, la región que se hallaba en torno al Delta del Nilo. Como tal, aparecía en los tocados de los faraones para representar su dominio sobre el área. De este modo, se convirtió en la imagen de la autoridad real, que simulaba escupir veneno a los enemigos del gobernante.

La esfinge

Algunos símbolos viajaron de una cultura a otra. La esfinge alada de la mitología clásica (derecha) tuvo sus orígenes en una predecesora egipcia, que hoy en día es más conocida a raíz de la Gran Esfinge que custodia las pirámides de Giza. La esfinge egipcia era una criatura híbrida con cuerpo de león y cabeza de carnero, halcón o ser humano. Proporcionaba protección contra las fuerzas del mal como un perro guardián espiritual.

EL SOL ALADO
Este símbolo (derecha) se ha asociado durante mucho tiempo en el antiguo Oriente Próximo, desde Egipto hasta Persia, con la divinidad, la realeza y el poder.

La pluma de *ma'at*

Uno de los símbolos egipcios más extraños era la pluma que representaba el *ma'at*, la idea de justicia y buen orden, personificada en una diosa que llevaba ese mismo nombre.

El *Libro de los Muertos* explicaba en detalle la creencia de que, después de la muerte, el alma del difunto pasaba a una cámara llamada Sala de las Dos Verdades donde el difunto, hombre o mujer, negaría el mal que hubiera hecho en el transcurso de su vida en la Tierra. Después, el corazón de cada individuo se pesaba en la balanza contra la pluma de la verdad. Una criatura monstruosa conocida como Ammit devoraba los corazones de aquellos que habían mentido, a los que condenaban al averno por toda la eternidad. En contraste con ello, el dios Osiris admitía a su lado, en los campos de Aaru, el cielo egipcio, a aquellos que habían dicho la verdad.

El nudo de Inanna

Uno de los pocos símbolos visuales de la antigua Mesopotamia que han sobrevivido, era el emblema de la diosa sumeria del sexo y la guerra, conocida por las civilizaciones sucesoras como Ishtar. Adopta la forma de un haz de cañas con un bucle en su extremo superior, y se cree que representa una jamba de puerta diseñada para sostener un varal cruzado; normalmente se mostraban dos juntos, uno para cada lado. El dibujo se halla en el famoso Jarrón de Warka, un recipiente de alabastro adornado que se remonta por lo menos al año 3000 a. C. Algunos estudiosos han planteado la teoría de que las jambas podían representar el portal de un almacén, como símbolo de la abundancia.

EL DJED
Este pilar, con anillos en su parte superior, representaba la columna vertebral de Osiris y era un símbolo de la fuerza y la estabilidad. Su nombre venía de la ciudad de Djedu, centro del culto del dios.

El *labrys*

Cuando Ioannis Metaxas, el autoritario líder de Grecia (1871-1941), necesitó un icono para el movimiento juvenil que había fundado, escogió el *labrys*, el hacha de dos cabezas que sigue siendo el emblema más conocido de la Creta minoica. Para Metaxas la imagen representaba tanto la antigüedad como la autoridad.

FARAVAHAR, EL DISCO ALADO

La contribución más conocida de la Persia zoroastrista a la iconografía mundial es el faravahar, la imagen de una figura humana superpuesta sobre un disco alado. Los individuos representados eran *fravashi*, espíritus celestiales o ángeles guardianes que, según se creía, habían ayudado al señor del cielo Ahura Mazda en su labor de creación. En la época del Imperio persa ya se usaban a veces las imágenes de los monarcas, especialmente de Darío I, cuyo ejército fue derrotado por los griegos en la batalla de Maratón en el 490 a. C. El propio *faravahar* se inspiraba en anteriores símbolos de discos alados del antiguo Egipto, donde estaban asociados con el dios del Sol, Ra, y de Asiria, donde servían como emblemas de la realeza. En la época moderna se han apropiado del emblema diversos grupos místicos, entre ellos los rosacruces, los teósofos y los francmasones.

EL MUNDO CLÁSICO
Recuerdos de los mitos

EL HUEVO ÓRFICO
El orfismo usaba el huevo con una serpiente enroscada en él para simbolizar el cosmos. El huevo, estrechado firmemente por los anillos de una serpiente, emblema del renacimiento espiritual y la renovación, también puede interpretarse como el hombre que emerge de la ignorancia una vez que rompe la cáscara mediante la iniciación en los misterios órficos.

Aún hoy en día el mundo occidental moderno sigue conectado con la Grecia y la Roma clásicas por un cordón umbilical de tradiciones culturales compartidas –un gran repertorio de símbolos forma parte de ese legado–, aunque a menudo no se reconoce la deuda que tenemos con los antiguos. Cuando los supersticiosos se arrojan un pellizco de sal por encima del hombro, no es probable que sean conscientes de que originalmente era un gesto de respeto a los Penates, los dioses romanos de la abundancia en el hogar; si alguien describe a un conocido diciendo que tiene dos caras, probablemente no pensará en ningún momento en Jano, la deidad de las entradas y las salidas que tenía un doble semblante. No obstante, algunas de estas derivaciones han sido deliberadas. El Senado de Estados Unidos se reúne en el Capitolio, cuyo nombre tiene su origen en la Colina Capitolina de Roma, y el fascismo de Mussolini tomó su nombre y su emblema del *fasces* que se llevaba ante los magistrados romanos.

El huevo órfico

El Huevo Cósmico a partir del cual nació el universo es un tema mitológico habitual que encontramos en tierras tan lejanas entre sí como China, India y la América precolombina. En la antigua Grecia, los seguidores de la religión mistérica órfica creían que la creación había comenzado con un huevo (*véase* ilustración de la izquierda) puesto en el caos primigenio, descrito como «el útero de la oscuridad». De él surgió Fanes, el primer progenitor hermafrodita, de cuya descendencia nacieron primero las razas de los dioses y después las de los humanos.

El caduceo

Tradicionalmente, los heraldos romanos llevaban una vara blanca envuelta con cintas cuando negociaban la paz. Por un proceso natural de transferencia, el bastón se

LA MIRADA DE PIEDRA DE LA GORGONA

En la mitología griega, las tres Gorgonas eran horribles mujeres de colmillos afilados, lengua protuberante, garras de bronce y cabello de serpientes. Sus rostros eran tan espantosos que todas las personas a las que veían se convertían en piedra. Los griegos trataron de aprovechar el poder letal de la imagen conviertiéndolo en amuletos, entradas, muros de ciudades, escudos, e incluso lápidas de tumbas. Se pensaba que el rostro, conocido como *gorgoneion*, desviaba las influencias malignas y protegía contra el mal de ojo.

Un *gorgoneion* (1) adorna un cuenco hecho en el siglo VII a. C. El friso que rodea la imagen central incluye dos esfinges (2) y una sirena (3).

LA SIRENA
Las sirenas
de la mitología
clásica atraían
a los marineros
con la belleza
de sus cantos, de
ahí que se
representaran
con atributos
aviares. Pero
con el tiempo,
la belleza física
de una sirena
ha tenido
a menudo
la misma
relevancia:
en muchas
representaciones
medievales
aparece más
como un híbrido
entre mujer y pez
(*véase* imagen
superior).

convirtió en el emblema de Hermes, mensajero de los dioses, y adquirió en el proceso unas alas como las que lucía el propio Hermes. Algo aún más extraño es que el caduceo se mostraba con dos serpientes gemelas entrelazadas en torno a él (*véase* página siguiente), lo que reflejaba una historia en la que el dios había sorprendido a dos serpientes luchando y había puesto paz encajando la vara entre ellas. Más tarde, el caduceo se convirtió en un símbolo del comercio y las comunicaciones.

La vara de Esculapio

En ocasiones el caduceo se ha confundido con la vara de Esculapio, el dios griego de la medicina, que adopta la forma de un bastón con una sola serpiente enros-

---

LAS FRONDAS DE LA FERTILIDAD

Los adornos de palmetas por los que se tenía predilección en la época clásica tenían su lugar en una línea de motivos inspirados en la vida vegetal cuyo origen se remontaba a las primeras civilizaciones. Los artistas del antiguo Egipto se inspiraron en los juncos de papiro que se hallaban en el Delta del Nilo o en las flores del loto, cuya forma puede que in-

fluyera en el propio dibujo de la palmeta. Los griegos transformaron la palmeta en el más intrincado dibujo de la hoja de acanto, que reflejaba la fecundidad del mundo natural. El acanto continuó siendo un adorno popular hasta el siglo XX.

El motivo del loto (izquierda) precedió a la palmeta (centro), que es posible que influyera en el dibujo del acanto (derecha).

cada a su alrededor. Al igual que el huevo órfico, la serpiente representa la curación y la regeneración, lo que refleja la antigua creencia de que las serpientes podían renovarse mudando su piel. El bastón de Esculapio sigue siendo un símbolo de atención terapéutica reconocido en todo el mundo, y actualmente figura en los logotipos de la Organización Mundial de la Salud, la Sociedad Médica Estadounidense y el Cuerpo Médico del Ejército Real.

La sirena

Con su cuerpo de ave, las sirenas de la mitología clásica atraían a los marineros a la muerte con la belleza de sus cantos. En la *Odisea* de Homero, Ulises protegía a sus marineros de los encantos de las sirenas tapándoles los oídos con cera, y para poder resistir a su atracción ordenó que a él lo amarraran al mástil de su barco. Las sirenas son el símbolo de la tentación, y su canto representa cualquier mensaje que sea tan atrayente como peligroso.

La guirnalda de laurel

Las hojas de laurel tenían múltiples connotaciones para los antiguos griegos. Se asociaban a la poesía, y se pensaba que inspiraban profecías; la Pitonisa de Delfos las masticaba para estimular sus poderes oraculares. También se asociaban a la inmortalidad, al ser el árbol de laurel de hoja perenne. A consecuencia de ello, a los vencedores de los Juegos de Pitia, que se celebraban cada cuatro años en Delfos, se les premiaba con una guirnalda de estas hojas (los ganadores de los antiguos Juegos Olímpicos recibían una rama de olivo). Los romanos aprovecharon la conexión de la guirnalda con el triunfo para convertirla en un símbolo de la victoria; las noticias de las batallas ganadas se enviaban al Senado envueltas en hojas de laurel, y se coronaba con laureles a los generales victoriosos para celebrar sus triunfos.

LA PALMETA
Las hojas de la palmera, con su forma de abanico, fueron un motivo arquitectónico habitual desde la época clásica hasta la neoclásica (derecha). La palmeta, además de ser estéticamente atractiva, simbolizaba la fertilidad y el crecimiento.

El fasces

En julio de 1943, cuando se difundió en Roma la noticia de la caída de Mussolini, las multitudes, exultantes, echaron abajo las numerosas imágenes de los haces de varas en torno a un hacha que había por todo el país. Este emblema era el logotipo de su Partido Fascista. El dictador italiano había tomado la idea de los bastones de abedul atados que llevaban los lictores de la antigua Roma (*véase* página siguiente). El *fasces*, que representaba la fuerza a través de la unidad, ha sobrevivido a su asociación con el fascismo y hoy en día sigue siendo en todo el mundo un símbolo de la autoridad gubernamental, como, por ejemplo, en el sello oficial del Senado estadounidense.

La cornucopia

La imagen de un cuerno rebosante de frutas y verduras sigue siendo un poderoso símbolo internacional de la prodigalidad de la tierra. En la mitología griega se explicaba que la ninfa Amaltea le había dado de beber leche de cabra al niño Zeus, y que este le había recompensado arrancándole al animal uno de sus cuernos y entregándoselo a ella con la promesa de que siempre tendría todo lo que deseara en abundancia.

El *omphalos*

En la prehistoria, por toda la región mediterránea, la gente atribuía poderes sagrados a las piedras o las rocas cónicas, a las que los griegos llamaron *omphalos* («ombligo»). El ejemplo más famoso se guardaba en el santuario de Delfos, del que se decía que señalaba el centro del mundo. Cuenta la leyenda que Zeus soltó dos águilas desde los confines de la Tierra y colocó la piedra en el lugar donde se encontraron.

EL PODER DE LOS «MUCHOS»

Los lictores de la antigua Roma eran funcionarios acompañantes que precedían a los magistrados siempre que salían para ocuparse de algún asunto público: les despejaban el camino y formaban un cordón de protección cuando trataban de dirigirse a una multitud. Sin embargo, su función principal era quizá la de subrayar la dignidad de sus patrones, y cada uno de los aspectos de su apariencia estaba concebido para recalcar ese mensaje. Vestían las togas de los ciudadanos romanos y llevaban el *fasces*, que simbolizaba la autoridad de los magistrados y advertía asimismo de las consecuencias de las infracciones: las varas y el hacha, atadas juntas en un haz, expresaban el castigo corporal y la pena capital, respectivamente.

Además del haz del *fasces* (1), el *lictor* representado en esta estatuilla de bronce romana porta unas hojas de laurel (2) y lleva una guirnalda (3), símbolos de la autoridad y el poder civil.

EL HINDUISMO
Las señales indicadoras del camino del dharma

EL *AUMKAR*
El *aumkar*, que quizá sea el más importante símbolo hindú, es la representación visual de «aum» u «om», sonido profundamente resonante mediante el cual, según se cuenta, se creó el mundo.

«Hinduismo» es un término occidental que se emplea como cajón de sastre para describir diversas antiguas tradiciones religiosas del subcontinente indio que están relacionadas entre sí. A diferencia de lo que sucede con los seguidores de la mayoría de las demás religiones principales, los hindúes no tienen ningún conjunto de creencias fijo ni ninguna estructura institucional. En lugar de ello, las distintas regiones tienen tradiciones diferentes respecto a los dioses a los que rinden culto, las escrituras que utilizan y las festividades que celebran.

Algunas ideas comunes subyacen a esa diversidad. Una es la del *dharma*, que significa «justicia» y supone la manera correcta de vivir de acuerdo con las leyes morales naturales. La mayoría de los hindúes aceptan la idea de la reencarnación o la transmigración de las almas, vinculadas a través del samsara, el ciclo del nacimiento y renacimiento a través de las sucesivas generaciones. La ley del *karma* establece que la conducta que tenga una persona durante una vida determina las

NATARAJA: EL SEÑOR DE LA DANZA

Uno de los símbolos más conocidos del hinduismo es Nataraja –una de las manifestaciones de Shiva–, Señor de la Danza. Al dios se le muestra ocupado en la danza divina de la creación y la destrucción, concentrando dentro de sí todas las energías del universo. Esta postura adquirió su forma conocida en los bronces del reino de Chola, al sur de la India, entre los siglos X y XII, pero se inspiró en unas tradiciones orientales de danzas sagradas muy anteriores empleadas como vía para alcanzar un estado extático. Nataraja también puede aparecer como un asceta con el pelo enmarañado, un guerrero victorioso, o con forma andrógina, combinando sus propios atributos con los de su compañera, la diosa Shakti.

Shiva danza dentro de un círculo en llamas (1) para representar el universo, aplastando a Apasmara (2), que representa la ignorancia. La serpiente (3) es Kundalini, la energía física.

condiciones que tendrá su existencia en la siguiente. La meta suprema es la *moksha* o liberación, que supone eximirse del ciclo de muerte y renacimiento.

La tradición hindú es politeísta. Las principales divinidades están agrupadas en una tríada conocida como la *Trimurti*: Brahma, una deidad creadora remota e inaccesible, Vishnú y Shiva. Se les puede rendir culto por sí mismas o, alternativamen-

EL KALI YANTRA

Los *yantras* son diagramas geométricos, o «formas de energía», que usan los hindúes como centro focal para la meditación. Este ejemplo está inspirado por Kali, la temible diosa de la creación y la destrucción. El loto representa la fuerza vital reproductora. El perímetro tiene cuatro aberturas hacia las regiones del universo. El círculo es la ignorancia. El triángulo es *shakti* (energía creativa), que cuando apunta hacia abajo representa el *yoni* o la sexualidad femenina.

te, como manifestaciones de un principio divino absoluto, el Brahman. También pueden adoptar distintas formas: por ejemplo, puede venerarse a Vishnú como cualquiera de los nueve avatares o encarnaciones diferentes, entre las cuales se incluyen figuras tan populares como Krishna, Rama y el hombre-león Narashima.

Además de la *Trimurti*, entre otras importantes deidades hindúes figuran Ganesha, con su cabeza de elefante (derecha), dios del Éxito y destructor de males y obstáculos, y Durga, la diosa guerrera de diez brazos que personifica la energía creadora femenina *(Shakti)*.

La maza

Uno de los cuatro atributos que han estado tradicionalmente asociados con Vishnú (junto con el *chakra*, el loto y la caracola), la maza es un arma que se emplea para combatir las fuerzas de mal. Esotéricamente se interpreta como la energía primordial.

El *chakra*

Otro de los atributos de Vishnú, el *chakra*, es un arma filosa, semejante a un disco, que también representa el lado marcial del dios. Espiritualmente está considerado como el filo que se abre paso a través del engaño de uno mismo para alcanzar la verdadera visión interior.

El *vel*

Las distintas partes de la India tienen sus propias divinidades, y el dios guerrero Murugan es una de las predilectas en las tierras del sur del Tamil. Su emblema es el *vel* o lanza, que le dio su madre Parvati para que lo usara contra los demonios. Actualmente se rinde culto al *vel* de Murugan en algunos templos del Tamil como

EL TRISHULA
El tridente de Shiva, su arma cósmica como creador, conservador y destructor, también es un símbolo de fuego que representa tres aspectos del dios védico Agni.

un símbolo de la victoria del bien sobre el mal, y el obsequio de Parvati sigue celebrándose cada año en la festividad de Thaipusam.

El *trishula*

El arma de Shiva es el *trishula* o tridente, que a menudo llevan los *sannyasis* («ascetas») shivaístas. El símbolo de tres puntas que lo representa se parece al *triratna* budista (*véanse* páginas 100-101), que puede que se derive de él. Las distintas escuelas asocian las triples proyecciones con diferentes trinidades: pasado, presente y futuro en una interpretación; creación, existencia y destrucción en otra.

Nandi

Otro de los atributos de Shiva es el toro Nandi, que sirve como montura del dios y también como guardián, cuya estatua puede verse fuera de los templos shivaístas. El animal, de color blanco, representa la pureza y la justicia.

El *lingam*

Las interpretaciones hindúes modernas tienden a evitar identificar el *lingam*, un emblema sagrado de Shiva, con el falo, al que obviamente se parece. El *lingam*, símbolo muy antiguo cuyos orígenes se remontan a una época tan lejana como la de la civilización del valle del Indo, bien puede haber comenzado su historia como símbolo de la potencia sexual y la fuerza masculina. Hoy en día los estudiosos hindúes traducen el término simplemente como «marca» y lo ven como una interpretación visual del poder de Shiva y un centro donde enfocar el culto del dios.

Tilaka

Normalmente se lleva en la frente y es una marca que indica la tradición hindú concreta que sigue la persona que la lleva. Para hacerla se emplean diversas sustancias, entre ellas arcilla, cenizas y pasta de sándalo. Algunas personas optan por llevar el *tilaka* todos los días, otras solamente para las ceremonias religiosas.

KALKI

Según las escrituras sagradas hindúes, Vishnú se manifiesta en nueve encarnaciones distintas, además de otra que todavía está por llegar. Este futuro avatar es Kalki, una deidad guerrera —que se muestra sobre un caballo blanco alado y blandiendo una espada— que aparecerá en la Tierra para poner fin al actual ciclo de la existencia, el Kali Yuga, una era de oscuridad y corrupción. A Kalki no se le rinde culto como a los demás avatares de Vishnú, sino que, a diferencia de ellos, es una figura cuya llegada se asocia al nacimiento de una nueva era.

En esta estatua de bronce del siglo XIX, Kalki y su corcel forman una única figura. El dios sostiene en sus manos los atributos tradicionales de Vishnú: la caracola (1), el loto (2), la maza (3) y la rueda del *chakra* (4).

EL BUDISMO

Las señales que conducen a la iluminación

El budismo, fundado aproximadamente en el siglo v a. C. por Siddhartha Gautama, enseña a los individuos cómo perderse en una conciencia superior y universal. El propio Gautama se convirtió en Buda, o el Iluminado, a los treinta y cinco años, y pasó el resto de su vida transmitiendo a un grupo cada vez mayor de discípulos las lecciones que había aprendido. Desde entonces ha habido otros que han alcanzado igualmente la iluminación, y también se les considera *budas*.

Gautama resumió su enseñanza en las Cuatro Verdades Nobles. Estas afirman que la condición de la vida es el sufrimiento; que la causa fundamental del sufrimiento es el deseo; que venciendo al deseo se acaba con el sufrimiento; y que el deseo puede ser derrotado siguiendo las disciplinas mentales y morales conocidas como el Noble Camino Óctuple. El camino implica un estilo de vida ético que se basa en una forma de hablar justa, en unas acciones justas y en una forma justa de ganarse la vida (que no debe perjudicar a otros). Mentalmente exige la contemplación, que supone un ejercicio justo de la mente, una conciencia justa y una meditación justa. Estas, a su vez, promueven la sabiduría, representada por los pensamientos justos y el justo entendimiento. La meta suprema es el *bodhi* («despertar»), que libera al individuo del ciclo eterno del sufrimiento y lo conduce al *nirvana*, la extinción definitiva del deseo.

LA RUEDA DEL *DHARMA* Los ocho radios de la rueda budista corresponden a las acciones justas del Noble Camino Óctuple de Buda. Una variación de este símbolo forma parte de la bandera nacional de la India.

La rueda del *dharma*

El concepto del *dharma* desempeña un papel esencial en la visión budista del mundo, así como en otras religiones que se originaron en el subcontinente indio. La palabra hace referencia a una vida vivida en armonía con el orden natural, y en el contexto budista también incluye la propia enseñanza de Buda. El símbolo budista del *dharma* es una rueda de ocho radios, cada uno de los cuales representa un ele-

LAS HUELLAS DEL BUDA

Por todo el mundo budista podemos encontrar Buddhapadas, es decir, huellas de Buda, pero hay unas que se veneran de forma especial en Sri Lanka y Tailandia. La aparición de huellas fosilizadas –tanto de pies como de manos, e incluso de otras partes del cuerpo– en rocas (petrosomatoglifos) se remonta a la época prehistórica. En la India existía una tradición de huellas de pisadas sagradas anteriores a la aparición del budismo, que simbolizaban el paso de lo trascendente por el mundo. En la tradición budista las huellas no sólo implicaban la presencia física de Buda en el mundo material, sino también su abandono para alcanzar el nirvana, después de seguir el Noble Camino Óctuple que conduce a la iluminación.

Esta Buddhapada de la *Stupa* de Amaravati, en la India, muestra unas ruedas del *dharma* concéntricas (1) en las plantas de los pies. Unas incisiones apenas visibles en los talones revelan el símbolo del *triratna* (2), mientras que entre las ruedas y los dedos de los pies aparecen unas esvásticas arremolinadas (3).

LA ESVÁSTICA
Este popular
motivo budista
se considera
el sello del
corazón
de Buda.
Es un símbolo
del éxito y
la prosperidad.

mento del Noble Camino Óctuple de Buda. Se dice que el propio Buda hizo girar una rueda como ésta en el primer gran sermón que dio después de alcanzar la iluminación, en Sarnath, cerca de la frontera de la India con Nepal. Hacer girar la rueda simboliza el proceso de cambio espiritual que pone en marcha su enseñanza, pero también se refiere al ciclo infinito del samsara, o renacimiento, del que sólo se puede escapar si se siguen sus preceptos.

El *triratna*

El *dharma* también figura como uno de los *triratna* o «tres joyas» del budismo (los otros dos son el propio Buda y la Sangha, la comunidad monástica). Esta trinidad se invoca en las ceremonias de ordenación, cuando los novicios repiten: «Me refugio en Buda; me refugio en el Dharma; me refugio en la Sangha». Habitualmente su símbolo es una forma de «W» con curvas redondeadas, aunque también se puede

EL SIGNIFICADO DE LOS MUDRAS

Los gestos simbólicos de las manos que se conocen como *mudras* desempeñan un importante papel en el arte budista. Adaptados de las posturas del yoga hindú, cada uno de ellos tiene una connotación concreta. El *dhyana mudra* (izquierda) es la postura tradicional de la meditación. El *dharmachakra* (centro),

que recuerda la rotación de la rueda del *dharma*, alude al primer gran sermón que Buda predicó en Sarnath. El *vitarka mudra* (derecha), en el que las puntas del dedo pulgar y el índice se tocan entre sí, denota la transmisión de las doctrinas budistas.

representar mediante tres círculos encerrados en un contorno con forma de trébol. El símbolo de las tres joyas aparece a menudo en conjunción con otros emblemas, entre ellos la flor del loto (*véanse* páginas 37-38) y el *vajra* o rayo, para formar
un grupo propicio.

El Jarrón del Tesoro

Conocido también como la Urna de la Sabiduría, representa la *shunyata*,
la «vacuidad» o el «vacío», que implica una conciencia de la naturaleza ilusoria de las apariencias externas. En el budismo popular el
jarrón también ha pasado a representar la salud, la prosperidad y la sabiduría.

Las *stupas*

Son santuarios budistas que en un principio se construían
para albergar las reliquias de los santos varones, pero
que más tarde se convirtieron en objetos de venera-
ción. Con el tiempo, su inconfundible forma se convirtió en un emblema de esta
religión. Tradicionalmente las *stupas* incluían una cúpula circular construida sobre
una base cuadrada, que a menudo tenía un chapitel cónico en su parte superior.
Su apariencia global podía variar, desde una forma similar a un túmulo hasta una
campana, en función de las dimensiones que tuvieran sus diversas partes. En China
y Japón las *stupas* evolucionaron hasta transformarse finalmente en la pagoda de
varios pisos.

Los ojos de Buda

En Nepal es habitual ver *stupas* con ojos pintados que miran fijamente en las cuatro
direcciones. Representan la mirada de Buda, que todo lo ve y que dirige su mirada
hacia todos los lugares del mundo. A menudo se añade un símbolo en espiral donde
se unen los ojos; es el número uno en nepalés, que se añade como recordatorio

EL NUDO INTERMINABLE
Un dibujo repetido de formas entrelazadas, simboliza la infinita sabiduría y compasión de Buda.

de la unidad de toda la existencia, y para indicar que las enseñanzas de Buda son el único camino que conduce a la iluminación, que en ocasiones está simbolizada por un tercer ojo situado entre los otros dos.

El nudo interminable

Es un dibujo repetido de formas entrelazadas, y evoca la complejidad y la naturaleza interrelacionada de la vida, así como la combinación de sabiduría y compasión que se exige en aquellos que buscan la iluminación.

El *enso*

Una pincelada en forma de anillo cuyo nombre significa «círculo» en japonés, es un emblema caligráfico que está profundamente vinculado con el budismo zen. La imagen representa la iluminación y la totalidad del ser, pero la espontánea individualidad de las pinceladas, pues no hay dos *ensos* que sean exactamente iguales, también implica lo efímero del mundo físico.

El *manji*

Este término japonés hace referencia a la esvástica budista. Con las puntas orientadas hacia la izquierda, simboliza amor y misericordia. Si las puntas están giradas hacia la derecha, representa la fuerza y la inteligencia. A menudo las dos se destacan, la una contra la otra, en la parte superior e inferior de los escritos sagrados budistas.

La caracola

Si describe una espiral hacia la derecha, algo poco frecuente en la naturaleza, representa la armonía profunda de las enseñanzas de Buda, que despiertan a los discípulos del sueño de la ignorancia y los dirigen por el Noble Camino Óctuple.

EL LOTO DE OCHO PÉTALOS

En el budismo la flor de loto representa el alma iluminada, y a veces se la muestra con ocho pétalos, un número importante para esta religión. Estas plantas, conocidas en Occidente como nenúfares, hunden sus raíces en los cenagosos fondos de las lagunas, pero las flores se abren en la superficie, a la luz del sol. El budismo enseña que el espíritu humano, de igual modo, puede ascender desde el fango del mundo material, a través de las aguas de la experiencia, hasta llegar al resplandor de la iluminación. A menudo se muestra a Buda sentado sobre una flor de loto.

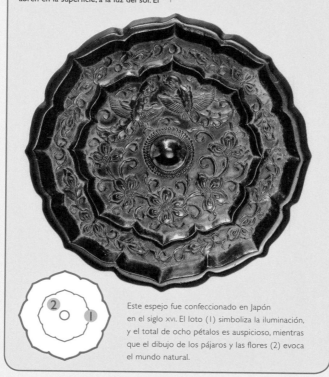

Este espejo fue confeccionado en Japón en el siglo XVI. El loto (1) simboliza la iluminación, y el total de ocho pétalos es auspicioso, mientras que el dibujo de los pájaros y las flores (2) evoca el mundo natural.

EL JAINISMO

Respeto para todos los seres vivos

EL JAINISMO
Este símbolo
del universo
adoptado por
todas las sectas
jainistas incluye
elementos
esenciales
de esta religión:
el contorno
de Lok, la mano
levantada, una
esvástica,
las tres joyas
y la morada
de los *siddhas*.

El jainismo se desarrolló a partir de las tradiciones hindúes de la India, pero opuesto a ellas. Tiene sus orígenes en una línea de veinticuatro *tirthankars*, literalmente «hacedores de vados», cuya doctrina ayuda a las almas de los individuos a atravesar el camino que conduce desde la esclavitud del mundo material a la liberación respecto al ciclo del renacimiento. Es posible que el primero de estos pioneros viviera en una época tan lejana como el siglo IX a. C.; no obstante, generalmente se data la existencia del último, *Vardhamana*, entre los años 599 y 527 a. C., y se le conoce como *Mahavira* («Gran Héroe») o *Jina* («Vencedor»).

El jainismo, reaccionando contra el elitismo de castas y contra la práctica de los sacrificios animales del hinduismo, predicó la santidad de vida. Los jainistas permanecieron cerca de la tradición anterior, compartiendo con ella la idea del samsara (el ciclo de reencarnación) y la ley del *karma*, que dicta la condición que tendrán las personas en sus futuras vidas. Comparte símbolos tanto con el hinduismo como con el budismo, que se desarrollaron en el subcontinente en un período similar. En el 2.500 aniversario de la iluminación de Mahavira, las sectas jainistas acordaron un símbolo general (izquierda). Con Lok en su contorno, el universo jainista (siete infiernos en la parte inferior, la Tierra y los planetas en el medio, y los reinos celestiales en la parte superior), tiene la mano levantada y la esvástica, así como tres puntos que representan la idea de las tres joyas (el conocimiento justo, la fe justa y la conducta justa) derivada del budismo. En su parte superior, un arco representa el *Siddhashila*, el lugar de descanso final de esas almas perfeccionadas que se han liberado. El punto que hay dentro del arco es un *siddha*, «el que está libre de apegos».

La esvástica

Miles de años antes de que los nazis se apropiaran de ella, la esvástica ya desempeñaba un destacado papel en la iconografía de la mayoría de las religiones indias.

Como *fylfot*, sigue siendo especialmente importante en el jainismo, al estar asociada con el séptimo de los veinticuatro *tirthankars* o fundadores de la fe. Como tal, aparece en todos los templos y libros sagrados, y en el transcurso de los rituales los oficiantes forman esvásticas con arroz ante los altares. Sus cuatro brazos recuerdan al creyente los cuatro destinos que existen en el ciclo de muerte y renacimiento: seres celestiales, seres humanos, seres animales (incluidos pájaros, insectos y plantas) y seres infernales. El *fylfot* también es un recordatorio de las cuatro subdivisiones del Sangh, o comunidad, jainista: *sädhus, sädhvis, shrävaks* y *shrävikäs*.

EL VOTO DE *AHIMSA*

Una mano levantada que hace una señal de detención simboliza el concepto de *ahimsa*, o «evitación de la violencia», que para los jainistas significa no hacer daño a ningún ser vivo. Debido a la creencia de que el alma reencarnada puede regresar en forma de animal o insecto, algunos jainistas a veces llevan mascarillas para evitar inhalar pequeños insectos y barren el suelo por donde caminan para no pisarlos.

AHIMSA DENTRO DE UNA RUEDA

La palma del *ahimsa* simboliza el voto de no violencia de los jainistas. La rueda representa el samsara, el ciclo eterno del renacimiento del que los jainistas esperan escapar.

EL SIJISMO
El *khanda*, el *Khalsa* y las cinco *kas*

El sijismo, fundado por el gurú Nanak (1469-1539) en la región del Punjab, situada en el noroeste de la India, es una religión monoteísta que combina elementos de las religiones hinduista y musulmana. En una reacción contra el ritualismo que caracterizaba las dos religiones en esa época, Nanak trató que sus discípulos se acercaran más a Dios a través de la meditación y la devoción.

El mensaje de Nanak se transmitió mediante una sucesión de nueve gurús posteriores, el último de los cuales fue Gobind Singh, fundador de la orden Khalsa, que dio al movimiento un carácter marcadamente militar. A su muerte en 1708, los escritos sagrados sijs reunidos en el *Adi Granth* («Primer Libro») se convirtieron en la autoridad suprema de la religión. Actualmente tanto a estos textos como a toda la comunidad sij se les denomina gurús por su papel en la transmisión de las doctrinas de los fundadores.

EL *KHANDA*
Símbolo universalmente reconocido del sijismo, el *khanda* aparece en las banderas de los templos e incluso como florón.

Ek Onkar

El símbolo *Ek Onkar*, derivado del signo *aumkar* hindú, es un emblema esencial del sijismo, y está compuesto por los caracteres sánscritos que significan «Un Aum» o «Un Dios». Se encuentra en la mayoría de los lugares de culto de los sijs, y resume la naturaleza monoteísta de esta religión.

El *Khanda*

Compuesto por una colección de armas, el *Khanda* está reconocido en todo el mundo como un icono sij. El *Khanda* es la espada de doble filo colocada en el centro, apoyada sobre un afilado anillo *(chakra)* y flanqueada por dos cimitarras de un solo filo. Juntas, transmiten la imagen guerrera que Gobind Singh dio a la religión. Se dice que el filo derecho simboliza la libertad gobernada por los valores morales, y el izquierdo, la justicia divina.

EL *KHALSA*

El sijismo se desarrolló en una época en la que gran parte del norte de la India se hallaba bajo el control de la dinastía Mogol musulmana. Enfrentándose a la opresión que ejercía el combativo emperador Aurangzeb, Gobind Singh contraatacó y fundó el *Khalsa* (literalmente «puro»), una comunidad que estaba abierta a todos los que se sometieran a la ceremonia de iniciación sij. El *Khalsa* era inicialmente una hermandad de guerreros, y se esperaba de los que se unieran a ella que empuñaran las armas y que estuvieran dispuestos a morir por sus creencias. Hoy en día sigue viva como un baluarte de la fe, y está abierta tanto a los hombres como a las mujeres.

Los sijs tienen cinco artículos de fe conocidos como *kakars*: el *kesh* (cabello y barba sin cortar); el *kanga* (un pequeño peine para peinarse el cabello dos veces al día); el *kaccha*, calzones que se llevan como símbolo de contención sexual, el *kara*, una pulsera de hierro que representa el vínculo con la fe sij, y el *kirpan*, una espada o daga curvada que se lleva como defensa. Esta espada *kirpan* está adornada con el motivo del *khanda* (1), una imagen de Gobind Singh (2) y la cabeza de un águila (3) para simbolizar la valentía.

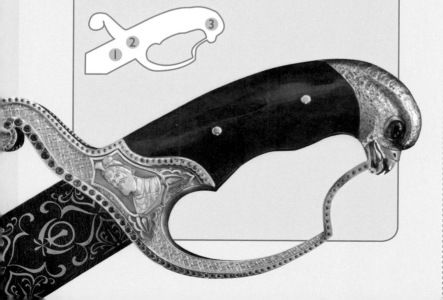

EL CONFUCIANISMO Y EL TAOÍSMO

Los ideogramas del pensamiento chino

YIN-YANG
El Diagrama
de lo Supremo
Último
representa la
dualidad como
la fuerza
dinámica del
cosmos.

El confucianismo y el taoísmo son polos gemelos del pensamiento tradicional chino, y aunque opuestos, complementarios en su mensaje. El confucianismo, basado en los pensamientos del sabio Kongfuzi (Confucio), predica la virtud cívica, y hace hincapié en el respeto a la tradición y a los ancianos junto con la aceptación de las jerarquías sociales, una doctrina que resultaba apropiada para una nación populosa y rigurosamente gobernada. En contraste con ello, el taoísmo, cuyo texto fundamental es el *Tao Te Ching*, hace hincapié en la espontaneidad y en la necesidad de vivir en armonía con la naturaleza. Ambas doctrinas surgieron en el siglo VI a. C., y entre las dos dominaron la vida intelectual china durante los dos milenios y medio siguientes. Las dos llegaron a compartir un simbolismo común que en los siglos posteriores también influyó profundamente en la iconografía del budismo chino.

El *taijitu*

Más conocido en Occidente como el símbolo del *yin-yang*, encierra principios esenciales del pensamiento taoísta. El círculo exterior representa el universo. Las dos formas unidas son respectivamente el *yin* y el *yang*, fuerzas opuestas pero complementarias que constantemente interactúan entre sí para dar forma al ciclo de la vida. El *yin* es pasivo, oscuro, femenino y nocturno; el *yang* es activo, luminoso, masculino y está asociado al día. La imagen del mundo que expresan es de equilibrio dinámico; los dos impulsos fluctuantes están constantemente en movimiento, uno avanza cuando el otro retrocede, como se manifiesta en antítesis como las de la sombra y el Sol, la intuición y la razón, y el no-ser y el ser.

El *qilin*

Legendaria bestia propicia, sólo aparece en las vidas de individuos extraordinarios de excepcional virtud; en la práctica, normalmente en las de famosos emperadores.

TRIGRAMAS PARA UN MUNDO CAMBIANTE

Los trigramas son disposiciones de tres líneas apiladas horizontalmente una sobre otra. Forman la unidad básica del *I Ching* o *Libro de las Mutaciones*, un texto muy antiguo y uno de los Cinco Clásicos del confucianismo. Una línea está o quebrada (*yin*) o entera (*yang*), y forma ocho combinaciones. A su vez, los trigramas se combinan, uno encima del otro, y forman hexagramas, cada uno de los cuales está compuesto por dos trigramas o seis líneas *yin* o *yang*, lo que eleva a sesenta y cuatro el número de posibilidades que se tienen con fines oraculares. Cada hexagrama representa un estado o proceso concreto. La secuencia inferior muestra, en el círculo exterior, la Disposición Primordial de contrarios (fuego y agua), y, en el círculo interior, la Disposición del Mundo Interior o ciclo estacional.

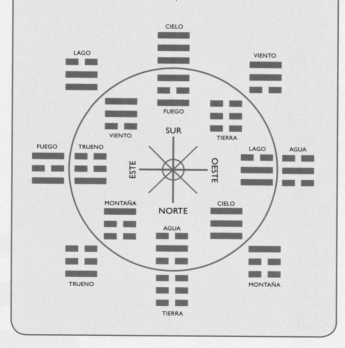

EL *BAGUA*

Los trigramas, que tenían sus raíces en la adivinación tal como la practicaban los adivinos que aconsejaban a los primeros reyes chinos, con el tiempo adquirieron un poder simbólico propio como representaciones del universo físico. Cada uno se identifica con una dirección cardinal determinada y también con un fenómeno natural: tierra, aire, fuego, agua, montaña, lago, viento y trueno. Juntos, forman una imagen del mundo físico que halla una expresión emblemática en el *bagua*, una disposición circular de los ocho trigramas en cuyo centro está el símbolo *yin-yang* de las dualidades cósmicas. El *bagua* es un emblema importante en el Feng Shui, del que se cree que favorece el fluir del *qi*, la fuerza vital.

Un amuleto protector muestra a un tigre (1), una imagen auspiciosa de poder, bajo un *bagua* (2). En el centro del círculo, el símbolo *yin-yang* (3) representa el principio de transitoriedad que también está implícito en los trigramas, que reflejan un mundo en un estado de constante cambio, los cambios que se explicaban con todo detalle en el adivinatorio *I Ching* o *Libro de las Mutaciones*.

El *qilin* –conocido también como el unicornio chino– tiene un solo cuerno en la cabeza, además de cuerpo de ciervo, cascos de caballo y cola de buey. El *qilin* es indicio de buenos tiempos, y aquel que nace cuando se avista uno se considera afortunado.

Las nubes

Conocidas como *yun*, representan el reino celestial, y las estilizadas espirales de nubes (derecha) simbolizan la felicidad y la buena suerte, de ahí su inclusión como parte del diseño de la antorcha olímpica para los Juegos de 2008 en Pekín.

Si Xiang

Este término, que literalmente significa «Cuatro Símbolos», comprendía cuatro criaturas mitológicas que en la astronomía tradicional china se identificaban con distintos grupos de constelaciones. Cada una de ellas estaba asociada también con una estación y un punto cardinal. El dragón azul celeste, uno de los muchos dragones auspiciosos que pueblan el folclore chino, se asociaba a la primavera y el este. El pájaro bermellón representaba el verano y el sur, y debido a su color naranja rojizo también estaba asociado al fuego. El tigre blanco, que representaba el otoño y el oeste, también estaba conectado con la edad avanzada, ya que según el folclore chino los tigres se volvían cada vez más blancos a medida que envejecían. La bestia que era emblemática del invierno y del norte era la tortuga negra, que también tenía connotaciones relacionadas con una larga vida, ya que las tortugas generalmente simbolizaban la longevidad.

EL SINTOÍSMO

El camino de los espíritus de Japón

EL *TOMOE*
El símbolo
del *tomoe*,
con su forma
de renacuajo,
se muestra
a menudo
(*véase* imagen
superior) por
triplicado dentro
de un círculo,
formando
un *mitsu tomoe*.
Asociado al dios
de la guerra
Hachiman, fue
adoptado como
un emblema
samurái.

La religión tradicional de Japón, el sintoísmo, es una fe animista dedicada a la propiciación de los *kami*, o espíritus. En ocasiones estos son seres guardianes localizados, y otras veces se muestran como dioses, asociados a fenómenos concretos (como las tormentas) o con actividades concretas (por ejemplo, la agricultura y la industria). Tradicionalmente se consideraba que una línea de *kami* descendientes de la diosa del Sol Amaterasu eran los progenitores de la familia imperial de Japón.

A los principales *kami* se les rinde culto en los santuarios, de los que actualmente funcionan más de cien mil repartidos por Japón. Además de ellos, muchas familias tienen pequeños altares domésticos. Desde 1868 hasta 1945 el gobierno promovió una forma estatal de sintoísmo como una manera de fomentar la unidad nacional y el culto al emperador. Sin embargo, las afiliaciones nacionalistas del movimiento lo dejaron desacreditado después de la segunda guerra mundial, cuando el emperador renunció a su linaje divino públicamente en una emisión radiofónica. Hoy en día se dice que los «Cuatro Atributos» del sintoísmo son el respeto a la familia, incluidos los antepasados; la sensibilidad hacia la naturaleza; la limpieza, que tiene una importancia ritual; y la asistencia a las festividades sintoístas.

La tortuga de mar

La tortuga marina, símbolo de buena suerte y longevidad, generalmente era un augurio favorable en la tradición japonesa. Conocida como *genbu*, muchas de sus asociaciones simbólicas tenían su origen en China, donde la Tortuga Marina Negra era uno de los Cuatro Símbolos que representaban las constelaciones en la astronomía tradicional china, asociada al invierno y el norte (*véase* página 111). También servía como una imagen del universo: su caparazón abovedado representaba el cielo mientras que su cuerpo simbolizaba la Tierra.

LAS *TSUBA*

Las *tsuba* eran protectores decorativos que guardaban las manos de las personas que blandían espadas japonesas. Con el paso de los siglos llegaron a estar profusamente adornadas, proporcionando lienzos en miniatura para la pintura de símbolos. Los emblemas de fuerza y valentía eran populares, y los samuráis a menudo optaban por adornar los puños de sus armas favoritas con los blasones familiares conocidos como *mon*. Generaciones de artesanos se consagraron a la producción de estos protectores, con estilos y tradiciones características.

Este *tsuba* del siglo XIX con hermosos adornos tiene un dibujo donde aparece un gallito (1) y un crisantemo (2), la flor imperial. El gallito era el pájaro sagrado de la diosa del Sol Amaterasu, el cual daba ruidosamente la bienvenida a cada nuevo amanecer.

En Japón, la tortuga marina se convirtió en un emblema de la fuerza y la paciencia, concebida a menudo como un guerrero indomable.

El crisantemo

Es el símbolo de la familia imperial japonesa, cuyo sello es una estilizada flor amarilla o anaranjada con dieciséis pétalos radiantes desde un círculo central. Los crisantemos blancos se asocian a la muerte; se llevan puestos en los entierros y se usan como adornos para las tumbas.

EL JUDAÍSMO

La alianza de Dios con su pueblo elegido

El judaísmo es la religión del pueblo judío, basada en una alianza entre Dios y el patriarca Abraham. Es una fe monoteísta, que afirma la existencia de una única deidad omnisciente. Su principal fuente de autoridad es la Biblia hebrea, que explica con detalle la historia de la relación especial que se forjó entre Dios y los judíos en el transcurso de los dos primeros milenios anteriores a Cristo. Las instrucciones divinas para la correcta ordenación de la sociedad se explican con todo detalle en la *Torah* («ley»), conservada en el Talmud. Durante el último siglo, aproximadamente, las distintas interpretaciones de la herencia judaica se han unido en dos tradiciones paralelas, el judaísmo conservador y el reformista, las cuales han creado, a su vez, grupos escindidos. El judaísmo no trata de hacer proselitismo activo, pero acepta a «convertidos virtuosos» que acepten sinceramente la fe.

LA ESTRELLA DE DAVID
Esta estrella de seis puntas es el símbolo más ampliamente reconocido de la fe judía, aunque el comienzo de su uso se remonta solamente a la Edad Media. Hoy en día también representa el estado de Israel, y aparece en la bandera nacional.

El tetragrámaton

En griego significa «palabra de cuatro letras» y es el nombre que recibe una sucesión de cuatro letras hebreas que representan el nombre del Dios de Israel. El tetragrámaton, que en una época se transliteró en in-

glés como JHVH («Jehovah»), actualmente aparece más a menudo como YHWH («Yahweh»). El judaísmo prohíbe la pronunciación del nombre fuera del Templo de Jerusalén, de forma que los creyentes se las arreglan con eufemismos como *hashem* («el nombre»). Aquellos que infrinjan esa ley corren el riesgo de tomar el nombre del Señor en vano, una acción que en algunas tradiciones judías se consideraba suficiente para impedir la entrada de un alma en el cielo.

LOS VASOS SAGRADOS

En la España de finales del siglo XIII, se desarrolló una tradición iconográfica rabínica que consistía en adornar los folios preliminares de las Biblias hebreas con los objetos de culto que, según se creía, habían estado en el Templo de Salomón. Uno de los ejemplos más antiguos de este arte que se conservan (*véase* imagen inferior) es de Aragón, data de 1299 y se cree que es obra de Salomón ben Raphael. La imagen está bordeada por unos pasajes de Números 8:4 y Éxodo 25:34 que describen una base de lámpara (la *menorah*) y copas. Cada una de las tablas, que está dividida en cuatro secciones, contiene objetos descritos en Éxodo y Números (así como en el Deuteronomio para los Diez Mandamientos). La disposición de los panes, los platillos de incienso sobre ellos y los elementos decorativos de la base de la lámpara se ajustan a las descripciones realizadas por el filósofo judío Maimónides en el octavo libro de la Mishneh Torá.

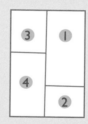

La *menorah* y sus pinzas y apagavelas (1); la vasija de *maná* flanqueada por las varas de Aarón (2); el querubín sentado en la tapa del arca (3); y los panes y las tablillas de los Diez Mandamientos (4).

EL CHAI
El término *chai*, que está compuesto por las palabras hebreas *het* y *yod*, significa «vida». En la numerología judía, las letras suman en total 18, un número de la suerte para los judíos, y a menudo hacen regalos de dinero en múltiplos de 18. El símbolo es popular como un adorno para collares.

Los Diez Mandamientos

El número diez tiene una especial importancia en el judaísmo debido a su vínculo con los Diez Mandamientos que Dios dio a Moisés en el monte Sinaí. Este número expresa lo completo.

La granada

Fruta propicia en la tradición judía, se asocia con la rectitud porque se supone que tiene 613 semillas, que corresponden a los 613 *mitzvot*, o mandamientos de la Torá. El Libro del Éxodo especificaba que debían tejerse imágenes de la fruta en las túnicas sacerdotales. Muchos judíos siguen comiendo granadas en el Rosh Hashanah, la festividad del Año Nuevo judío.

RECEPTÁCULOS PARA LA PALABRA DE DIOS

El Libro del Deuteronomio prescribe que el creyente debe grabar en las puertas y en las jambas de sus casas una breve oración (Shema Yisrael) que comienza así: «Escucha, Israel: El Señor nuestro Dios es el único Señor...». Los judíos observantes aún siguen exhibiendo este documento, conocido como *mezuzah*. Normalmente los pergaminos que contienen las palabras están guardados en estuches adornados con símbolos (derecha) cuyo material e imaginería varían ampliamente.

Este *mezuzah* de hueso pulido, hecho en la Italia del Renacimiento, está adornado con varios símbolos. Las letras de la parte superior del estuche, visibles en el pergamino, componen la palabra *shaddai* («todopoderoso»).

El León de Judá

Asociado en todas partes con la fuerza y la valentía, en la tradición judía es concretamente el emblema de la casa de Judá, la más influyente de las doce tribus. Posteriormente, la familia real etíope, que decía tener su origen en un hijo de la unión entre el rey Salomón y la reina de Saba, adoptó el León de Judá como símbolo. Hoy en día se utiliza como un emblema (derecha) de la ciudad de Jerusalén.

Lulav

Es la hoja de la palmera datilera y una de las Cuatro Especies (las otras son el mirto, el sauce y la cidra) que figuran en los oficios religiosos diarios de oración que se celebran durante la festividad del *Sukkot*, tal como se ordena en el Libro del Levítico. Las cuatro simbolizan la fertilidad agrícola. Al igual que las granadas, las palmeras datileras también se asocian a la conducta recta.

La *menorah*

O candelabro de siete brazos, un icono esencial de la fe, tiene sus orígenes en el candelabro que se usó primero en el Tabernáculo y después en el Templo de Jerusalén. El Libro del Éxodo describe la construcción de la original, que se había batido a partir de una única pieza de oro. La *menorah* formó parte del botín que se tomó después de la caída de Jerusalén en el año 70 d. C., como se representa en el Arco de Tito, en Roma. Símbolo de iluminación espiritual, sus siete brazos han sido objeto de asociaciones muy diversas: con los días de la semana o con los siete planetas celestes que se conocían en la antigüedad.

EL CRISTIANISMO

Los misterios de la Trinidad y la Pasión

TRES PECES
El dios triuno cristiano, o Trinidad, tiene muchos símbolos, y uno de los más antiguos y populares es el que muestra a tres peces entrelazados, o a un pez de tres cabezas.

En sus primeros siglos el cristianismo se definió por sus símbolos. La cruz, en particular, disfrutó de un avance triunfal por todo el globo, que convirtió su forma desnuda en uno de los emblemas más ampliamente reconocidos del mundo. Hoy en día los símbolos del cristianismo son tan ubicuos que es fácil olvidar sus orígenes como código privado. Sin embargo, durante los primeros tres siglos de su historia, el cris-

MONOGRAMAS SAGRADOS

Desde los comienzos de la era cristiana, las referencias a Jesús se han abreviado en forma de monogramas sagrados. Estos incluyen el *crismón* (*véase* página 120), IHC o IHS («Jesús») e INRI («Jesús de Nazaret, Rey de los judíos»). La elaborada ornamentación del sarcófago del siglo VI (*véase* imagen inferior) del Arzobispo Teodoro en Rávena incluye el crismón con las letras alfa y omega, lo que expresa que Jesús es el principio y el fin.

La paloma (1), el pavo real (2) y las vides (3) aparecen con el alfa y la omega, y el monograma del crismón (4) en este sarcófago de Rávena.

tianismo fue una religión proscrita cuyos adeptos a menudo tenían que rendir culto en secreto. En los años de persecución, la Iglesia se basó en los signos para comunicarse con los fieles. Las marcas eran declaraciones clandestinas de fe, un lenguaje secreto que sólo entendían los iniciados.

El *ichthys*

Uno de los primeros símbolos secretos que usaron los cristianos fue el pez, que se ha encontrado en forma de grafiti desde el siglo I d. C. La marca derivaba su significado de un juego de palabras: en griego, los cinco caracteres que constituían la palabra *ichthys*, o «pez», también formaban un acrónimo para la frase «Jesucristo Hijo de Dios, Salvador». Sin duda, los cristianos también tuvieron en cuenta las palabras de Jesús a los Apóstoles: «Os haré pescadores de hombres».

La referencia escrita más antigua al símbolo del pez que se conserva procede de Clemente de Alejandría, en torno al 200 d. C. Clemente recomendaba a los cristianos que incluyeran peces o motivos de palomas en sus sellos personales, ya que la paloma era una imagen del Espíritu Santo. Poco tiempo después, Tertuliano, contemporáneo de Clemente, que residía en Cartago, explicó en detalle el juego de palabras en un ensayo sobre el bautismo: «Nosotros, pececillos, siguiendo el ejemplo de nuestro *ichthys* Jesucristo, nacemos en el agua».

El crismón

Otra imagen que tuvo una enorme importancia en la difusión del cristianismo fue el signo del crismón, compuesto por los caracteres griegos que representaban la «ji» y la «ro», las dos primeras letras del nombre de Cristo. Visualmente el símbolo de la «ji» se parece a una «X», mientras que la «ro» se parece a una «P» alargada. Unidas, formaban un monograma que no solamente representaba al propio Jesús, sino también a su Iglesia.

Este símbolo, que se registra por primera vez en tumbas cristianas del siglo III d. C., adquirió una destacada posición cuando fue adoptado por el emperador romano

EL CRISMÓN
Este monograma cristiano fue popularizado por el emperador Constantino.

Constantino, el primero que extendió la tolerancia a sus súbditos cristianos. Según las versiones contemporáneas de la historia, en la víspera de una batalla crucial soñó que vio esta imagen en el cielo y oyó las palabras: «Bajo este signo conquistarás». Posteriormente hizo que grabaran el símbolo en los escudos de sus soldados y en su propio estandarte imperial, que con el tiempo se conoció como el *labarum*. Constantino logró una victoria aplastante, derrotando a un pretendiente rival al trono imperial, y posteriormente él mismo se convirtió al cristianismo.

La cruz

El más profundo, duradero y universal de todos los símbolos cristianos, se presenta de muchas formas distintas. La cruz clásica tiene una barra vertical más larga que la horizontal, mientras que los brazos de una cruz griega tienen la misma longitud. Una cruz girada 45 grados formando una «X» se conoce como un saltire o cruz de san Andrés. La cruz ortodoxa oriental tiene una barra corta sobre el brazo horizontal, que, según se dice, representa la cabecera que se usó en la crucifixión, y una costilla inferior inclinada, que según se cree popularmente, simbolizaba un escabel desplazado en parte por Cristo en su agonía. La cruz invertida de san Pedro, con el palo transversal en su parte inferior, generalmente se asocia en la actualidad con el satanismo, lo cual indica un rechazo deliberado de la tradición cristiana.

El pelícano

En la Edad Media se creía comúnmente que los pelícanos se picoteaban el pecho para alimentar a sus crías con su propia sangre. Como imagen de sacrificio, el pájaro se asoció a Jesús, de quien se pensaba que había dado su vida por el bien de la humanidad.

El cordero

La connotación de Jesús como víctima expiatoria es todavía más explícita en el símbolo del Agnus Dei o Cordero de Dios. Según el Evangelio de San Juan, Juan

LA PALOMA
Es el símbolo tradicional de la paz, aunque también representa al Espíritu Santo, de quien se decía que había descendido sobre Jesús tras su bautismo «como una paloma».

EL ALBERGUE TRIANGULAR DE RUSHTON

En la Inglaterra protestante de la década de 1590, el noble católico romano Thomas Tresham construyó una casa de guardabosques en sus fincas de Northamptonshire. El diseño nació de las meditaciones que lo habían tenido ocupado durante los años que había pasado en prisión por sus creencias. En cada uno de los detalles de su planta y de su ejecución, la casa estaba concebida para reflejar los misterios de la Santa Trinidad de Padre, Hijo y Espíritu Santo. La casa no solamente tiene forma triangular, también consta de tres pisos y una chimenea de tres lados. Cada pared tiene una longitud de 10 m, y en ellas se insertan tres ventanas adornadas, algunas de las cuales tienen forma de tréboles, otras de tréboles con triángulos, y unas más con un dibujo de rombo. Coronando el edificio hay nueve empinados aguilones triangulares con obeliscos de tres lados.

El dibujo central grabado en lo alto de cada fachada muestra tres triángulos (1) dentro de un trébol (2), el blasón de la familia Tresham. Al combinar este emblema personal con repetidos símbolos de la Trinidad, el constructor de la casa estaba haciendo una profesión individual de lealtad a su fe.

Bautista, al ver cómo se acercaba el joven Jesús, dijo: «He aquí el Cordero de Dios, que quita el pecado del mundo». Era una referencia al cordero expiatorio que se ofrecía en la época de Pascua en los sacrificios que se hacían en los antiguos templos judíos, que era, un recordatorio del Cordero Pascual al que se dio muerte en la víspera del Éxodo, cuya sangre en las jambas israelitas desvió al ángel de la muerte hacia los vecinos egipcios.

El pastor

Según el Evangelio de San Juan, Jesús dijo a sus discípulos: «Yo soy el buen pastor, que deja a un lado su vida por sus ovejas». Esta imagen también ha sido popular

EL BÁCULO TAU ALCESTER

Un báculo, basado en el cayado de un pastor, es el bastón de un funcionario de la Iglesia. Este adornado ejemplar anglosajón del siglo XI muestra a Cristo crucificado en uno de sus lados, mientras que el otro (*véase* imagen inferior) revela a Cristo triunfalmente resucitado (centro), que aplasta un león y un dragón –el pecado y la muerte–. Se conoce como un báculo en *Tau* por la letra griega T, que se refiere a su forma.

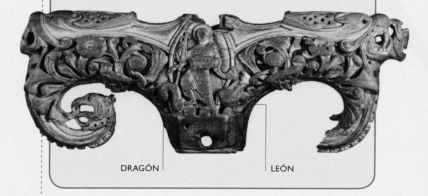

DRAGÓN | LEÓN

desde tiempos remotos, apareciendo en las paredes de las catacumbas romanas desde el siglo I d. C. En años posteriores se transfirió fácilmente del propio Cristo a los pastores de su Iglesia, de los que se consideraba que atendían las necesidades de sus congregaciones de igual modo que los pastores cuidan de sus rebaños.

El báculo

Es un arraigado símbolo de autoridad eclesiástica que tiene un aspecto similar al cayado. Se inspiraba en la imaginería del Buen Pastor de los primeros tiempos de la Iglesia. Simbólicamente tenía un propósito similar: su puño curvado se empleaba, teóricamente, para atrapar las almas de los pecadores que se desviaban de la fe.

El Sagrado Corazón

La imagen del Sagrado Corazón de Jesús, que tiene su origen en la Edad Media, se venera actualmente como un emblema del amor divino, principalmente en la Iglesia católica romana. El culto se extendió mucho desde el siglo XVII en adelante, cuando una monja francesa, santa Margarita María Alacoque, experimentó una serie de visiones, en una de las cuales el propio Cristo la autorizó a recostar su cabeza sobre su corazón.

Las variaciones del simbolismo del corazón cristiano son numerosas. Un corazón atravesado por una flecha representa la penitencia (este era uno de los emblemas de san Agustín), mientras que un corazón atravesado por una espada (*véase* imagen superior) denota el Sagrado Corazón de María, símbolo del amor de María por Jesús y por Dios. Un corazón llameante expresa el fervor del verdadero creyente y un corazón coronado con espinas es el emblema de san Ignacio de Loyola.

EL ISLAM

En alabanza al nombre de Alá

ALÁ
El nombre
de Dios es
una de las
palabras más
icónicas de la
caligrafía árabe.

El islam, que significa «sumisión» (a la voluntad de Dios), se desarrolló a partir de las doctrinas del profeta Mahoma, que vivió en Arabia en el siglo VII, que están expuestas en el Corán, el libro sagrado musulmán. El islam reconoce la misión divina de los profetas anteriores, incluidos Moisés y Jesús, pero afirma que el mensaje de Mahoma sustituyó al mensaje de aquellos y representa la revelación definitiva de la Palabra de Dios.

Los musulmanes aceptan cinco pilares esenciales de su religión, que se conocen colectivamente como los Pilares del islam. El primero es la profesión de fe llamada *shahadah* (*véase* imagen inferior). El segundo es orar cinco veces al día a horas fijas, orientándose en la dirección de la ciudad santa de La Meca. El tercero es el *haj* o peregrinación a La Meca, que hay que realizar por lo menos una vez en la vida. El cuarto es la necesidad de ayunar durante el mes de Ramadán, y finalmente, el quinto es el deber de dar limosna mediante el pago del *zakah*, que actualmente se interpreta como un impuesto del 2,5 por 100 sobre los ahorros anuales. A diferencia de la Iglesia cristiana, el islam no tiene una jerarquía organizada de sacerdotes, sino que otorga un gran respeto a los estudiosos y los maestros de la fe como, los *mulás* y los *ayatolás*.

Desde sus primeros tiempos, la comunidad islámica se ha dividido entre una mayoría de suníes y una minoría de chiíes, que discrepan sobre la línea de descendencia del Profeta. El islam también ha generado varias ramas místicas, la más distinguida de las cuales es el movimiento sufí.

La ley islámica, conocida como Sharia, prohíbe rendir culto a imágenes de dios. En ocasiones esta prohibición se ha interpretado como una justificación para suprimir todo el arte figurativo. A consecuencia de ello, el islam cuenta con pocos símbolos figurativos, y prefiere caligramas o dibujos abstractos.

**LA ESTRELLA
Y LA MEDIA
LUNA**
Estos antiguos
símbolos
celestiales
se identifican
hoy en día
universalmente
con el islam.

LA ESTRELLA DE OCHO PUNTAS

En el arte islámico, la estrella de ocho puntas se usó como un elemento decorativo por derecho propio y como fondo repetido. A veces la forma de estrella se desarrollaba formando el dibujo conocido como *shamsa* («Sol»), con las puntas como rayos que irradiaban desde un círculo central.

Dos cuadrados solapados, uno de ellos girado en un ángulo de 45 grados, forman dos estrellas de ocho puntas (1, 2) en este azulejo otomano. Un círculo (3) y un octágono (4) resaltan la estructura matemática que subyace a la creación.

LA SIMETRÍA
El efecto de la disposición simétrica de los dibujos en el arte islámico, para la cual se emplean principios geométricos, es, al igual que Dios, poderoso y unificador. Este cuenco iraní usa peces para lograr esta impresión, que se encuentra de forma reiterada en la decoración islámica.

El nombre de Alá

Uno de los iconos más ubicuos del islam es el símbolo caligráfico árabe que representa el nombre de Alá. Invocar el sagrado nombre es, en sí mismo, un acto religioso, y a lo largo de los siglos se ha dedicado una gran cantidad de destreza e ingenio para reproducirlo de la forma más hermosa posible.

La *shahadah*

Casi tan conocidas son las representaciones caligráficas de la *shahadah*, el credo al que se suscriben todos los musulmanes. Esta doble profesión proclama que «No hay más Dios que Alá, y Mahoma es su Profeta». La frase figura en la llamada diaria del almuecín a la oración, así como en las propias oraciones.

Como icono, la *shahadah* aparece en las banderas nacionales de Arabia Saudita y Afganistán, y también en el estandarte de Al Qaeda.

LA *HAMSA*

La *hamsa*, que a veces se conoce como la Mano de Fátima en referencia a Fátima Zahra, la hija de Mahoma, es un antiguo talismán que protege del mal de ojo a quien lo lleva. Este símbolo es especialmente popular en el norte de África, donde puede verse pintado en las puertas para mantener las influencias malignas fuera de las casas. Los arqueólogos creen que el signo en realidad es anterior al islam, y que quizá tenga sus orígenes en el culto a la antigua diosa cartaginesa Tanit. Algunos musulmanes desaprueban su uso, al considerarlo un vestigio de idolatría.

La estrella y la media luna

El símbolo de la estrella y la media luna ha quedado estrechamente asociado al islam, y aparece en las banderas de varios países musulmanes, entre ellos Malasia, Turquía y Pakistán. No obstante, no tiene ninguna autoridad coránica, sino que data de la época de los sultanes otomanos, que lo adoptaron como insignia. A medida que el dominio otomano se extendió por Oriente Medio, también viajó con ellos el emblema, que adquirió cierta aprobación religiosa debido a la posición de los gobernantes como califas, líderes temporales y espirituales del mundo islámico.

El eneagrama

Se supone que este polígono estrellado de nueve puntas es una señal de la presencia de Dios, según las tradiciones sufíes de la orden Naqshbandi de Asia central, en las que puede que haya servido como una forma de adivinación numerológica. Los sufíes tienen *wali* («santos»), pero no son santos en el sentido cristiano de la palabra, sino más bien personas que están armonizadas con la «realidad». Los sufíes creen que hay un plan oculto *(naqsh)* bajo las apariencias, que son una falsedad: la realidad (o el yo verdadero, en el caso de los individuos) se halla debajo de ellas. Una persona debe ver a través de las apariencias externas para descubrir la verdad, la «realidad», que hay dentro; sólo cuando conozcan sus verdaderos *yoes* podrán conocer la «realidad». Conocer esta «realidad», y poder actuar después de acuerdo con ella, es el máximo objetivo del sufismo. El eneagrama *(véase* imagen superior derecha) se usa en la tipología de la personalidad de la New Age para revelar las motivaciones e intenciones reales.

LA ESTRELLA DE NUEVE PUNTAS
El número nueve tiene una importancia sagrada en el bahaísmo, ya que según el sistema de Abyad a las veintiocho letras del alfabeto árabe se les otorgan valores numéricos, y los caracteres que forman la palabra *baha* («gloria») suman nueve.

EL MÁS GRANDE NOMBRE
Las dos estrellas de cinco puntas del símbolo del más grande nombre representan a Bab y Bahaullah, los profetas de la era actual.

EL BAHAÍSMO
Puntos de referencia para una fe global

La fe bahaí surgió en la década de 1860 a partir de una anterior religión persa, el babismo, que tenía sus raíces en la rama chií del islam. El nombre de Bab quería decir «La Verja». Cuando la secta se escindió de la comunidad musulmana, se persiguió a sus seguidores, y se ejecutó al propio Bab en 1850. Antes de su muerte predijo la llegada de un nuevo profeta, y en 1863 uno de sus partidarios se proclamó nuevo profeta. Adoptó el nombre de Bahaullah, literalmente la «Gloria de Dios», y reivindicó un lugar en una línea de mensajeros divinos cuyo origen se remontaba a Zoroastro y Moisés, a través de Mahoma, Jesús y Buda.

Los bahaístas consideran que las principales religiones del mundo son distintas aproximaciones al culto de un único dios. Entre sus creencias fundamentales figuran la unidad de la humanidad, la igualdad entre los pueblos y los sexos, y la educación. También propugnan la idea de un idioma auxiliar que una a las gentes de todas las razas. Entretanto, los símbolos contribuyen de algún modo a proporcionar un lenguaje común que atraviese las barreras nacionales.

El *haykal*

La fe bahaí heredó del babismo una estrella de cinco puntas que se conoce como el *haykal*, (literalmente, «templo»). Bahaullah produjo muchos de sus escritos en forma de un *haykal*. Hoy en día, sin embargo, es más común una estrella de nueve puntas (izquierda). El emblema de la estrella sugiere terminación o perfección, mientras que sus puntas radiantes se extienden como las direcciones cardinales hacia todas las partes del mundo. Por motivos similares, los templos bahaístas a menudo tienen nueve lados, y en la numerología de Abyad, que atribuye valores numéricos a las letras y las palabras del alfabeto árabe, el valor numérico de Bahai es nueve, lo que confirma la unidad y la perfección de la fe.

El más grande nombre

Los bahaístas que desean llevar un símbolo permanente de su fe lo hacen habitualmente portando el motivo del *más grande nombre* (*véase* página anterior), compuesto por tres barras horizontales cruzadas por una línea vertical, flanqueadas a cada lado por una estrella de cinco puntas. Las barras representan los mundos de Dios, de sus manifestaciones, y de la humanidad; la línea que las atraviesa simboliza las enseñanzas de sus mensajeros, que unen el ámbito divino con el humano.

LA PUERTA DE TRES NIVELES

La puerta del sepulcro de Bab, que se halla en el monte Carmelo, Haifa, Israel (emplazamiento escogido por Bahaullah), está cargada de simbolismo. Los tres niveles horizontales del diseño representan los mundos de Dios, sus Manifestaciones (o mensajeros) y el hombre.

Como en el símbolo del *más grande nombre* (*véase* texto superior), la línea vertical une las tres barras horizontales, lo que simboliza la manera en la que los Mensajeros Divinos de Dios forman el eslabón entre Dios y el hombre.

MOTIVO DEL MÁS GRANDE NOMBRE

DOS ESTRELLAS *HAYKAL* PARA LOS DOS PROFETAS

TALISMÁN PROTECTOR *DA'IRA*

EL SOL Y LA LUNA PARA REPRESENTAR EL MUNDO DE DIOS

MUNDO DE LOS MENSAJEROS DE DIOS

MUNDO DEL HOMBRE

LOS GNÓSTICOS Y LOS CÁTAROS

Guardianes del conocimiento secreto

EL CÍRCULO CRUZADO
La cruz dentro de un círculo era el emblema de los cátaros, un grupo medieval que heredó ciertas creencias gnósticas.

ANGUÍPEDO
Esta criatura, manifestación del demiurgo gnóstico, tenía la cabeza de un gallito, el cuerpo de un hombre y serpientes en lugar de piernas.

En el caldero intelectual del mundo clásico tardío, un grupo de pensadores influidos por las creencias judaicas y cristianas se unieron en la convicción de que podía alcanzarse la salvación mediante el conocimiento esotérico. Eran los gnósticos (de *gnosis*, «conocimiento» en griego), y, durante una época, en el siglo II d. C., sus ideas sincretistas representaron un auténtico desafío para el cristianismo. Los gnósticos eran dualistas, para quienes un abismo separaba la chispa divina de la mente humana del universo material que la rodeaba. No podían creer que un Dios bueno y todopoderoso hubiera creado el mundo terrestre. En lugar de ello, creían que era obra de un demiurgo corrupto al que llamaban *Laldabaoth* o *Lao*, identificándolo con Jehová, la deidad vengativa e imperfecta del Antiguo Testamento. Para ellos, Cristo era un espíritu salvador enviado desde el cielo más alto que había habitado el cuerpo de un humano falible llamado Jesús, abandonándolo en el momento de la crucifixión. La tarea de los gnósticos era reintegrar el espíritu humano con el divino a través de la revelación de la verdad.

El gnosticismo, que siempre estuvo orientado a una élite intelectual, quedó en buena medida desplazado por el cristianismo ortodoxo desde el siglo III en adelante. No obstante, sus ideas perduraron, reforzadas por las opiniones de un profeta iraní llamado Mani. Este, inspirándose en antiguas ideas zoroastristas, veía el mundo como un campo de batalla entre las fuerzas rivales del bien y el mal, ambas poderosas por igual. La visión maniquea del mundo sobrevivió al martirio de Mani, que tuvo lugar en torno al 276 d. C., y resurgió en Europa occidental en los siglos XII y XIII con la forma del catarismo. Como los gnósticos que les precedieron, los cátaros creían que el mundo material era nocivo y, como también pensaba Mani, que Satanás era un principio primordial del mal que rivalizaba con el buen Dios. Su objetivo era librar al espíritu de la dependencia del mundo material y restaurar su comunión con lo divino. El catarismo atrajo a segui-

EL SANTO GRIAL

Tanto los cátaros como los gnósticos veneraban a Cristo como un ser espiritual que había sido enviado desde lo más alto del cielo para conducir a la humanidad hacia la iluminación. Para ellos, Jesús de Nazaret era simplemente el vehículo humano en el que se había implantado el espíritu de Cristo. En las leyendas sobre el Grial, que tomaron forma en la época del ataque a los cátaros, la santa copa, de la que se decía que había contenido la sangre de Jesús recogida por José de Arimatea, pasó a representar la fuente de la salvación mediante la comunión mística con Cristo, mientras que la búsqueda del receptáculo que algunos, desde entonces, han afirmado que poseían los cátaros, era una búsqueda de la gracia de Dios.

Una tumba de Rávena muestra la paloma (1), que representa el Espíritu Santo, que desciende sobre una cruz (2) que está dentro de un cáliz (3). Las leyendas se desarrollaron en una época en la que la Iglesia relanzaba el sacrificio eucarístico o misa como comunión mística.

LA CRUZ OCCITANA También conocida como la Cruz de Toulouse, éste era el símbolo de la región del Languedoc, situada en el sudoeste de Francia, donde los cátaros se afianzaron más firmemente en la Edad Media.

dores en gran parte del norte de Italia y del sur de Francia antes de ser suprimido, siguiendo órdenes papales, por los soldados de la cruzada de los Albigenses entre 1209 y 1229.

Abraxas

Según el escritor cristiano Tertuliano, una escuela gnóstica enseñaba que la deidad suprema se llamaba Abraxas, un nombre cuyos caracteres, según el código numerológico que era popular entonces, sumaban 365. Abraxas creó 365 cielos sucesivos distintos, cada uno de los cuales tomaba como modelo al mundo inmediatamente superior a él, aunque siempre era ligeramente inferior. El más bajo era el reino de Jehová, el dios del Antiguo Testamento, al que no se consideraba como una deidad todopoderosa sino como un ángel corrupto. En esta visión, Jehová no había enviado a Cristo, sino a Abraxas, y había regresado al reino de este último en el momento de la Crucifixión.

Este nombre también se encuentra en textos gnósticos como el Evangelio de los Egipcios. Puede que represente a Dios y Satanás en una entidad, un concepto que está en sintonía con la dualidad de la visión gnóstica del mundo. En la novela *Utopía*, de Tomás Moro, la isla que da nombre al libro tenía anteriormente el de Abraxa.

Abracadabra

La palabra «abracadabra», conocida hoy en día como un conjuro de prestidigitador, tiene una larga genealogía cuyos orígenes se remontan por lo menos al siglo II d. C., cuando se escribía en pergaminos y se usaba como hechizo para curar las fiebres. Una teoría sobre su origen lo sitúa en el dios gnóstico Abraxas; otra lo vincula al término arameo *abhadda kedhabhra*, que significa «desaparece como esta palabra», en referencia a la forma caligramática menguante en la que se escribía (*véase* imagen, derecha).

ABRACADABRA
ABRACADABR
ABRACADAB
ABRACADA
ABRACAD
ABRACA
ABRAC
ABRA
ABR
AB
A

La serpiente león

El *chnoubis* o serpiente con cabeza de león era una imagen que
se grababa en los amuletos en el siglo ıı d. C. Se piensa que
representa al demiurgo gnóstico *Laldabaoth*; la cabeza de
león simboliza lo que quedó en él de la naturaleza divina,
y la serpiente, la parte corrompida por el contacto con
el mundo material.

El Alfa y la Omega

«Yo soy el Alfa y la Omega, el principio y el fin», decía Dios
en el Apocalipsis, una referencia a los caracteres primero y
último del alfabeto griego. Algunos gnósticos usaban estos símbolos para expresar
la totalidad de la creación divina; otros lo asociaban con *Laldabaoth*, el demiurgo responsable de la creación del mundo material.

El Santo Grial

En más de una de las tradiciones folclóricas del mundo se hallaban recipientes
que servían como proveedores milagrosos. La mitología celta tenía varios de estos
vasos, entre ellos un caldero del renacimiento que devolvía la vida a los guerreros muertos. Puede que esta imaginería se haya trasladado a la leyenda del Santo
Grial, del que se dice que es el plato o la copa que usó Cristo en la última cena.
La leyenda del Grial se formó en la época de la persecución de los cátaros, y sin
duda la conocían.

LOS CABALLEROS HOSPITALARIOS Y TEMPLARIOS

Hermanos de la cruz y la espada

EL BEAUSÉANT
Los templarios luchaban bajo un estandarte blanco y negro conocido como el Beauséant. Durante la batalla había diez caballeros encargados de proteger el estandarte, y mientras este ondeara en lo alto, nadie tenía permitido abandonar el campo de batalla.

Las órdenes de caballería surgieron como respuesta a la creación del reino cruzado de Ultramar (Outremer) en Tierra Santa a comienzos de la Edad Media. La primera que se fundó fue la Orden del Hospital de San Juan de Jerusalén, o de los Hospitalarios, que tenía su sede en la institución que llevaba ese mismo nombre y que en un principio estaba dedicada a tratar a los enfermos. Los Templarios los siguieron en 1119, tomando su nombre de su casa, que se hallaba en un edificio contiguo al supuesto emplazamiento del Templo de Salomón. Su misión original era proteger de los maleantes musulmanes a los peregrinos que llegaban a Tierra Santa. Ambas órdenes prosperaron gracias a donaciones y herencias procedentes de cristianos beatos de toda Europa. Los caballeros seguían reglas que eran en parte religiosas y en parte militares, por ello, los templarios tenían prohibido cualquier contacto con mujeres, incluso si eran miembros de su familia, debían celebrar sus comidas comunitarias en silencio y solamente se servía carne tres veces por semana. También juraban obediencia absoluta a sus superiores en la orden.

Cuando Ultramar se perdió a finales del siglo XIII, los caballeros tuvieron que buscar un nuevo propósito. Los hospitalarios se trasladaron primero a Chipre y después a la isla mediterránea de Rodas, que gobernaron como una potencia independiente. Cuando Rodas, a su vez, cayó en manos de los turcos otomanos en 1522, volvieron a trasladarse a Malta, que conservaron hasta que Napoleón finalmente los expulsó de allí en 1798.

Los templarios tuvieron una historia más breve y más violenta. Con el paso de los años adquirieron fortalezas en toda Europa y llegaron a actuar como banqueros para gobernantes y nobles de todo el continente. El rey Felipe el Hermoso de Francia codiciaba su riqueza y por ello los acusó de herejía e inmoralidad, y obtuvo confesiones de alguno de los caballeros mediante torturas. La orden fue suprimida por decreto papal en 1312, y dos años después su último Gran Maestre, Jacques de Molay, fue quemado en la hoguera.

El fin brutal de los templarios ha inspirado una gran cantidad de especulaciones. Una reciente teoría proponía que algunos templarios franceses se refugiaron en Escocia después de la supresión de la orden, creando de ese modo un vínculo entre la idea medieval de la caballería y la evolución posterior a la francmasonería.

LAS MISTERIOSAS ESCULTURAS DE ROSSLYN

La capilla de Rosslyn, cercana a Edimburgo, es uno de los edificios más ricos en símbolos de Gran Bretaña. Encargada por William St. Clair, lord canciller de Escocia, y construida entre 1456 y 1486, contiene un conjunto de esculturas que aparentemente siguen la trayectoria del paso del tiempo y las estaciones del año de este a oeste. También incluye un motivo similar al sello de los templarios (*véase* página 136). Algunos investigadores incluso han afirmado que en una cripta perdida debajo del edificio podría haber un tesoro templario, aunque los intentos de proponer la existencia de un vínculo más estrecho con los caballeros se han derrumbado por el hecho de que la orden fue suprimida ciento cincuenta años antes de que la capilla se construyera.

Esta escultura de un Hombre Verde (*véase* imagen superior), símbolo de la naturaleza indómita que se encuentra en muchas partes del mundo, es una de las ciento diez variaciones sobre ese tema que hay dentro de la capilla y en torno a ella. El pinjante de la imagen inferior muestra a Lucifer como un ángel caído.

La cruz templaria

La insignia de los templarios era una cruz roja, habitualmente en forma de una cruz *pattée*, en la que los brazos se ensanchan hacia los extremos. Los caballeros de pleno derecho lucían el símbolo en una túnica blanca, mientras que los sargentos, guerreros de rango inferior que procedían de familias menos aristocráticas, lo llevaban en una túnica negra. Esta ropa tenía que llevarse en todo momento; ningún caballero podía aparecer en público, ni siquiera sentarse a comer, a menos que estuviese ataviado adecuadamente. A los templarios que huían del campo de batalla se les despojaba de sus vestiduras, de manera muy similar a cómo, en épocas posteriores, a los soldados deshonrados se les arrancaban sus insignias de rango.

EL SELLO TEMPLARIO

El sello templario, que muestra a dos caballeros que comparten un solo caballo, pretendía resaltar la pobreza de la orden en sus comienzos. Sin embargo, la imagen nunca fue exacta: a cada uno de los caballeros de pleno derecho se le permitía tener tres caballos, y a medida que fueron aumentando las riquezas de los templarios en los siglos posteriores, la reivindicación de pobreza llegó a parecer irónica.

Los dos caballeros jinetes llevan escudos marcados con cruces templarias (1). La inscripción (2) dice: «Sello de los Soldados de Cristo».

La cruz de la Orden de Cristo

Éste es el emblema de la histórica Orden de Cristo, fundada en Portugal en 1318. Desde entonces se ha convertido en un emblema genérico portugués, usado en las velas de las carracas portuguesas, durante los descubrimientos, por la Fuerza Aérea portuguesa y en la bandera de la Región Autónoma de Madeira. También fue el símbolo del Movimiento Nacional-Sindicalista, un grupo fascista de comienzos de 1930.

El Bafomet

Uno de los cargos más graves que se presentaron contra los templarios en sus juicios en Francia fue que rendían culto a un ídolo llamado Bafomet, nombre que, según se pensaba, era una corrupción del nombre Muhammad (el Mahoma francés). Sin duda, las acusaciones surgieron a raíz de la sospecha de que, durante su prolongada estancia en tierras musulmanas, la religión de los templarios había incorporado algunos elementos del islam. Seiscientos años después, el ocultista francés Eliphas Lévi tomó el nombre y lo aplicó al dios con cabeza de macho cabrío que presidía los aquelarres de las brujas.

La cruz hospitalaria

Cada uno de los brazos de la cruz que llevaban los hospitalarios acababa en dos puntas, lo que daba a sus extremos forma de «uves» dentadas. Este diseño parece haber evolucionado gradualmente; hay algunas pruebas de que inicialmente los caballeros adoptaron la cruz patriarcal, que tiene travesaños gemelos, uno encima del otro. Después del traslado a Malta, la insignia evolucionó hasta adoptar la conocida forma de la cruz de Malta, con cuatro puntas de flecha que se encuentran en un punto central apuntando hacia el interior (*véase* página 12).

LA ALQUIMIA

La búsqueda científica de la perfección espiritual

LOS TRES PRINCIPIOS
Según Paracelso, los Tres Principios, o *Tria Prima*, eran, de arriba abajo (*véase imagen superior*): el azufre —omnipresente espíritu de vida—, el mercurio —conexión fluida entre lo Alto y lo Bajo—, y la sal —la materia base.

Actualmente lo más habitual es pensar en la alquimia como antecesora de la química, pero en su época de apogeo tenía mucho en común con la astrología. Ambas se preocupaban por la relación entre la humanidad y el cosmos. Mientras que la astrología se concentraba en los cielos, la alquimia buscaba correspondencias entre la naturaleza humana y el mundo terrestre. Las dos búsquedas estaban unidas a través de un refrán atribuido a Hermes Trismegisto, el legendario fundador de este arte: «Lo que está arriba es como lo que está abajo; y lo que está abajo es como lo que está arriba».

Había alquimistas en la India, en tierras árabes, y en China, donde los sabios taoístas usaban técnicas alquímicas para buscar el Elixir de la Vida. En Occidente se ponía el interés en hallar un medio de transmutar los metales de baja ley en oro mediante complejos procesos de destilación y sublimación, y el uso de un esquivo ingrediente adicional que se dio a conocer como la Piedra Filosofal. Sin embargo, para los verdaderos alquimistas la búsqueda del oro fue siempre una metáfora de la transformación espiritual. Lo que realmente les interesaba era el proceso en sí, pues, de acuerdo con la doctrina de las semejanzas, el embellecimiento del metal de baja ley se veía como una plantilla para una tarea aún mayor: la búsqueda de la perfección espiritual.

Los Tres Principios

El alquimista del siglo XVI Paracelso, uno de los padres de la medicina moderna, definió la sal, el mercurio y el azufre como los Tres Principios. La sal, representada por un círculo rayado, era el tipo de la materia base. El azufre representaba el espíritu, y su símbolo era un triángulo que apuntaba hacia arriba y que se apoyaba sobre una cruz. El mercurio, mostrado como un círculo astado colocado sobre una cruz, era el agente de la transmutación, y servía como vínculo entre lo terrestre y lo espiritual.

La Piedra Filosofal

La Piedra del Conocimiento, o Piedra Filosofal (*véase* símbolo, derecha), un avance relativamente tardío en la alquimia, fue el nombre que se dio al ingrediente necesario que faltaba para transmutar los metales de baja ley en oro. En un principio parece que adoptó la forma de una tintura o polvo, más que de una piedra. Diversas sustancias —entre ellas la sal amoníaca y, posteriormente, el ácido clorhídrico y sulfúrico— parecieron en distintos momentos tener la solución; no obstante, no fue así. Algunos alquimistas afirmaron que habían encontrado la piedra, entre ellos el amanuense francés Nicolás Flamel, que supuestamente completó la Gran Obra en 1382.

LOS SIETE METALES PLANETARIOS

Los alquimistas creían que los materiales con los que trabajaban eran reflexiones microcósmicas del cosmos como un todo. Por consiguiente, cada uno de los metales principales estaba asociado con uno de los siete cuerpos celestes que los antiguos conocían como planetas. Estos comprendían el Sol y la Luna, así como Mercurio, Venus, Marte, Júpiter y Saturno. Se decía que los planetas dominaban o gobernaban los metales, de manera similar que en la astrología, donde sus conjunciones regían el destino humano. Cada uno de los metales y de sus planetas asociados tenía un símbolo en común (derecha).

 EL **SOL** DOMINA EL ORO

 MERCURIO DOMINA EL MERCURIO

 VENUS DOMINA EL COBRE

 LA **LUNA** DOMINA LA PLATA

 MARTE DOMINA EL HIERRO

 JÚPITER DOMINA EL ESTAÑO

 SATURNO DOMINA EL PLOMO

EL HORNO ALQUÍMICO

El calor era uno de los principales instrumentos para llevar a cabo las transmutaciones que estaban en el corazón de la alquimia. Para lograr sus calcinaciones, sus destilaciones y sus sublimaciones, quienes la practicaban necesitaban hornos. El más importante de estos era el *atanor*, cuyo nombre procedía de una transliteración árabe del hebreo *tannur* («horno»). El *atanor* estaba diseñado para alimentarse a sí mismo, por lo que conservaba de ese modo una temperatura interior uniforme. Habitualmente, el material que se deseaba calentar se depositaba en un recipiente sellado dentro del *atanor* y se cubría con cenizas calientes. El proceso era largo, lo que hizo que el horno se ganara el apodo de *Piger Henricus*, «Enrique el Perezoso».

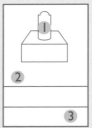

Un *atanor* que contiene el mercurio de los filósofos (1), simbolizado por la serpiente. Debajo, el bestiario eremítico incluye un león (2), que representa el azufre, y un fénix (3), por la Piedra Filosofal, nacido del fuego de la transmutación.

Venus y Marte

Los símbolos convencionales que se emplean actualmente para indicar el sexo comenzaron siendo signos alquímicos que representaban los siete metales planetarios, tal como se conocían entonces (*véase* página 139). El signo femenino de una cruz debajo de un círculo se asociaba con el cobre y con el planeta Venus; el signo masculino de una flecha que se alza desde un círculo representaba el hierro y Marte.

Los cuatro elementos

Los cuatro elementos esenciales que identificaban los alquimistas estaban representados por símbolos triangulares. Un simple triángulo apuntando hacia arriba simboliza el fuego, mientras que uno con un travesaño justo debajo de su cúspide era el aire; un sencillo triángulo invertido representaba el agua, y esta misma figura, cruzada, era el signo para la tierra.

La cruz de la serpiente

Parte de la misión de la alquimia era terapéutica, y buscaba específicamente restaurar la juventud y prolongar la vida. La alquimia taoísta china estaba interesada de forma casi exclusiva en la búsqueda del Elixir de la Vida. En Occidente los alquimistas tomaron el símbolo médico tradicional del caduceo (*véanse* páginas 86-88) para simbolizar esta parte de su trabajo, pero le dieron una forma cristiana que mostraba a la serpiente enroscada alrededor de una cruz. Esta cruz de la serpiente, que a veces se conoce como el caduceo de Nicolás Flamel, también tenía un significado más específico como un símbolo de «fijar lo volátil», que suponía pasar el mercurio por sales minerales para crear un sólido.

EL ROSACRUCISMO
Y EL HERMETISMO

El camino místico de la cruz rosada

Se cree que los Hermanos de la Rosa Cruz surgieron en Alemania, a comienzos del siglo XVII, aunque algunos entusiastas han realizado diversos intentos de situar sus orígenes mucho más atrás, en la antigüedad remota. Los rosacruces, que inicialmente fueron una fraternidad consagrada a la búsqueda de la sabiduría y a un estilo de vida ascético, inspirados por la tradición del legendario fundador de la alquimia Hermes Trismegisto, se distinguieron desde el comienzo por su secretismo; todas las adscripciones se llevaban a cabo de forma privada por quienes ya eran miembros, y nadie que fuera ajeno al movimiento podía saber quién pertenecía a él. Los iniciados afirmaban tener conocimiento de la transmutación alquímica de los metales de baja ley en oro, aunque le daban poco valor, pues se concentraban en la transformación espiritual. Tomando prestado el lenguaje de la revolución científica que estaba comenzando entonces, hablaban de trabajar por la reforma universal de la humanidad. Posteriores grupos herméticos como los teósofos y la Orden del Amanecer Dorado tuvieron en común con ellos su inclinación a la privacidad y el hecho de compartir conocimientos esotéricos, combinándolo con una teatralidad expresada en trajes exóticos y complejos rituales.

La espada llameante

Este motivo debe la importancia que tiene tanto en el rosacrucismo como en la francmasonería a una referencia en el Libro del Génesis. Cuando Dios expulsó a Adán del Jardín del Edén, puso una «espada llameante» para proteger el camino al Árbol del Conocimiento (*véase* página 144). La espada, que en ocasiones se representa como un arma con una hoja torcida, representaba, por consiguiente, el último

EL SELLO DE LUTERO El sello de Martín Lutero refleja su teología. La cruz que hay dentro del corazón es un recordatorio de que la fe en el Cristo crucificado nos salva. El corazón que está dentro de una rosa blanca, el color de los espíritus, muestra que la fe proporciona alegría, consuelo y paz.

UNA FUSIÓN DE MAGIA Y MEDICINA

En un principio, el rosacrucismo daba gran importancia a su misión terapéutica: uno de los seis requisitos para los primeros iniciados era proporcionar servicios médicos gratuitos. El *Fama Fraternitatis* describe cómo el fundador del movimiento, Christian Rosenkreutz, mostró una capacidad natural para la curación, que perfeccionó mediante prolongados estudios realizados en el mundo árabe, que en aquella época era líder en las ciencias. Gran parte del conocimiento que obtuvo en sus viajes fue, en realidad, sobre la alquimia, que en esa época todavía se consideraba un ámbito de estudio legítimo, como indica el hecho de que entonces hubiera impresas muchas obras sobre alquimia, como el *Opus medico-chymicum* de Johann Mylius de 1618, (*véase imagen inferior*). Así, la Hermandad de la Rosa Cruz original basaba su atractivo intelectual en una mezcla de buenas obras, misticismo cristiano y conocimiento de los poderes transmutacionales de los alquimistas. Su atractivo era tan fuerte que se extendió por toda Europa.

Hermes Trismegisto (1) e Hipócrates (2) —la magia y la medicina— sostienen un sello alquímico (3) bajo el Sol y las señales del zodíaco (4), las estrellas (5), los minerales (6), el microcosmos (7) y los elementos (8).

EL ÁRBOL DEL CONOCIMIENTO

Los rosacruces y la mayoría de los grupos herméticos posteriores trabajaron principalmente dentro de la tradición cristiana, pero también fuera de ella, sobre todo en el mundo árabe (la ciencia) y el judaísmo (la Cábala). Los teósofos se inspiraron en el budismo y el hinduismo. Sus adeptos posteriores se hicieron eco del pensamiento gnóstico, particularmente de su interpretación heterodoxa de la historia del Jardín del Edén, en que la serpiente se convertía en la heroína. Al instar a Eva a probar la manzana, estaba alentando a la humanidad a superar las limitaciones que le había impuesto Dios y a convertirse, ellos mismos, en dioses. Para los gnósticos, la ruta que conducía a este poder discurría a través del conocimiento, la fruta prohibida del árbol, un tema ilustrado en libros como el alemán *Símbolos secretos de los rosacruces*, del siglo XVIII (*véase imagen inferior*).

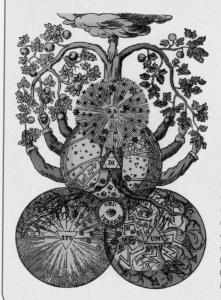

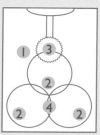

Unas manos (1) se extienden para arrancar las frutas del Árbol del Conocimiento, que hunde sus raíces en los tres mundos (2) de la creación de Dios. Un símbolo solar (3) irradia luz sobre la escena; debajo, se halla el sol menor de la iluminación espiritual (4).

marcador en el camino que llevaba al árbol y también el último obstáculo que había que superar para alcanzarlo.

La cruz de la rosa

La rosa, asociada especialmente con el culto a la Virgen María, ya era un símbolo cristiano mucho antes de que los rosacruces se lo apropiaran para su cruz de la rosa (derecha). Una cruz dentro de una rosa era el sello del reformador alemán Martín Lutero (*véase* página 142), lo que llevó a algunos estudiosos a plantear la conjetura de que la hermandad original tenía un planteamiento protestante: cierto es que el texto más antiguo del movimiento, el *Fama Fraternitatis*, sitúa el nacimiento de su supuesto fundador Christian Rosenkreutz en el Castillo de Wartburg, donde se refugió el propio Lutero.

La cruz con rayos

Este emblema, símbolo de la Orden del Amanecer Dorado, muestra una cruz colocada sobre la cúspide de una pirámide que contiene una estilizada imagen del Sol alzándose desde el mar. El dibujo, que se inspira tanto en la imaginería cristiana como en la del antiguo Egipto, encierra la ecléctica mezcla de influencias que convergieron en este poderoso grupo, entre cuyos miembros figuró el eminente poeta irlandés W. B. Yeats.

El portal

Éste es el nombre que dan muchos grupos herméticos a los puntos de acceso al conocimiento esotérico y a los caminos de iniciación a las órdenes secretas. El Grado Portal también era el nombre de un rito de iniciación que emprendían quienes aspiraban a ser adeptos de la Orden del Amanecer Dorado.

LA FRANCMASONERÍA
Discípulos del arquitecto divino

Los francmasones pertenecen a una organización fraternal de la que puede decirse
que es, probablemente, de todas las sociedades esotéricas, la que tiene más adeptos.
Su simbolismo otorga un especial lugar de honor al Templo del rey Salomón de la
Biblia, que se considera el edificio perfecto por haber sido construido de acuerdo
con instrucciones divinas. Los masones sitúan incluso los orígenes de su nombre
en el pasado, en los artesanos que construyeron el Templo, considerándolos una
hermandad de excepcional inspiración, unida por juramentos de confidencialidad

Por tradición,
la francmasonería
ha transmitido
sus doctrinas
con la ayuda
de planchas de
trazar, un
término escogido
para recordar
las planchas con
dibujos grabados
que se creía que
habían usado los
antiguos albañiles
para cortar
piedras a medida.
Las planchas
están llenas de
símbolos que
se consideran
apropiados para
la revelación a
los miembros en
distintas etapas
de su iniciación.

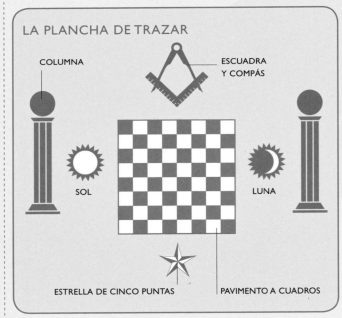

LA PLANCHA DE TRAZAR

COLUMNA

ESCUADRA
Y COMPÁS

SOL

LUNA

ESTRELLA DE CINCO PUNTAS

PAVIMENTO A CUADROS

para proteger su oficio y sus secretos. A lo largo de los años, otros miembros han intentado trazar un linaje alternativo no judeocristiano, buscando sus raíces, en su lugar, en tradiciones pitagóricas, hermenéuticas o del antiguo Egipto. Sin embargo, según los datos de los que se dispone actualmente, no parece probable que el origen del movimiento se remonte a ninguna época anterior a la de la Europa moderna temprana, pues los primeros grupos claramente identificados como tales operaban en Gran Bretaña en el siglo XVII.

La francmasonería alcanzó su cenit en la Ilustración. La Gran Logia de Inglaterra se fundó en 1717, y los tres grados de membrecía masónica (Aprendiz, Compañero, Maestro Masón) se crearon en torno a esa época. Esta disposición tripartita quedó simbolizada en el triángulo, una forma que adoptó sir John Soane para su Gran Salón de los Francmasones de Londres, que, lamentablemente, ya no existe. Los francmasones también se hicieron influyentes en la Europa continental y Estados Unidos, donde muchos de los arquitectos políticos de la joven república eran iniciados, entre ellos el propio George Washington.

El mandil

El mandil, primer obsequio que se da a un aprendiz recién iniciado, es un emblema de pureza en la vida y en la conducta, y, al igual que la plancha de trazar (*véase* página anterior), una referencia a las concepciones masónicas del oficio de los antiguos albañiles. Los primeros masones heredaron los tres grados de membrecía de la estructura del gremio medieval del oficio cuyo nombre heredaron.

El pavimento a cuadros

El pavimento a cuadros, del que se afirmaba que seguía el modelo del pavimento de mosaico del Templo de Salomón, representa las vicisitudes de la vida y el emparejamiento de los contrarios (como el Sol y la Luna). Específicamente, se refiere a la coexistencia del bien y el mal en el mundo humano.

EL OJO DE LA PROVIDENCIA
El reverso del Gran Sello de Estados Unidos muestra un Ojo de la Providencia que todo lo ve sobre una pirámide de trece alturas, una por cada uno de los estados originales. El ojo es un símbolo masónico, y había al menos un masón, Benjamin Franklin, en el comité que aprobó el dibujo, aunque se cree que él no fue directamente responsable de su inclusión.

El compás

Juntos, el compás y la escuadra expresan el antiguo oficio de la albañilería y una vida correctamente vivida. El compás hace pensar en el papel de la mente racional a la hora de ordenar la conducta y limitar los deseos.

La escuadra

Un emblema de orden, implica un propósito consciente y el control sobre las emociones. En inglés se dice que los masones se reúnen «a escuadra», una expresión que implica actuar de forma honorable.

La colmena

Simboliza el compromiso de los albañiles con el trabajo duro y para contribuir a la sociedad. Expresa la idea de la hermandad masónica como una comunidad creativa que trabaja por un propósito común.

La balanza

Entre los muchos emblemas de los que la francmasonería se ha apropiado está la balanza, que representa el equilibrio y la medida. El origen de este símbolo puede hallarse en las estatuas romanas de la Justicia, que llevaba un par de balanzas para pesar los méritos de cada caso y una espada para castigar la mala conducta.

La calavera y los huesos cruzados

El origen de la imagen de la calavera y los huesos cruzados, célebre como símbolo de los piratas de alta mar, en realidad se remonta más atrás en el tiempo, como una imagen de descomposición física y muerte que abre el camino al renacimiento espiritual. Este es el significado que tiene en algunas tradiciones masónicas, aunque los no iniciados generalmente han visto esta imaginería como una confirmación de la naturaleza supuestamente sanguinaria de algunos votos masónicos.

EL SELLO DE MISRAIM

Una tradición pseudohistórica trata de situar los orígenes de la francmasonería en el antiguo Egipto. El llamado rito egipcio debió gran parte de su éxito inicial al aventurero, y masón, del siglo XVIII conde Cagliostro, que fundó una logia egipcia en París. La idea se extendió, sobreviviendo a la propia desaparición del conde (se piensa que murió en una cárcel italiana) y posteriormente fue su adalid el patriota italiano Giuseppe Garibaldi. Esta logia sigue activa por todo el mundo.

Un sello francés de Misraim (un nombre antiguo para el Rito Egipcio) muestra una gran cantidad de símbolos masónicos, entre ellos un huevo órfico (1) (*véase* página 86), balanzas (2), un par de compases (3), un Ojo de la Providencia (4) (*véase* página 10), y un tramo de escaleras que representan el camino hacia la iluminación (5).

LA *WICA* Y EL NEOPAGANISMO

Cultos populares para el mundo moderno

EL NUDO ESCUDO
En su antigua forma nórdica, el nudo de cuatro esquinas combina una esvástica (*véase* página 152) y una cruz solar, pero la forma básica –que se encuentra en Mesopotamia– es mucho más antigua. En ambos lugares tenía un fin protector, pues invocaba los cuatro extremos de la Tierra, un significado del que se hace eco la expresión moderna en lengua inglesa «from the four corners of the earth», es decir, de todas partes del mundo.

La *wica* es la forma moderna de la brujería, cuyo más célebre paladín fue el escritor inglés y folclorista Gerald Gardner, de mediados del siglo XX, que desarrolló la obra anterior de Margaret Murray (*véase* página 153). La *wica* afirma tener sus orígenes en un antiguo conjunto de creencias clandestinas al que a veces se denomina la «antigua religión». Con ello, se aprovecha también, a su vez, de los restos del paganismo precristiano que sobreviven. Al contrario que la mayoría de las demás religiones y cultos, la *wica* no tiene un canon estandarizado, pero entre sus elementos comunes están el culto a un dios y a una diosa –a menudo simbolizados como el Sol y la Luna–, que encarnan las fuerzas que se complementan y que están presentes en toda la naturaleza.

La palabra «pagano», que deriva del latín *paganus* o «rústico», era inicialmente un término peyorativo que aplicaban los cristianos a las religiones populares politeístas a las que sustituyó su propia fe monoteísta. Desde el siglo IV, el paganismo fue proscrito y perseguido. En los siglos posteriores, símbolos como el pentáculo de la *wica*, una estrella de cinco puntas dentro de un círculo (*véase* página 153), se convirtieron en señales clandestinas mediante las que los iniciados podían reconocerse entre sí.

El *triskelion*

Unas espirales triples arremolinadas y entrelazadas adornan la piedra de la entrada del emplazamiento neolítico de Newgrange en Irlanda, mientras que las tribus anglosajonas germánicas incorporaron formas relacionadas con estas en sus dibujos de broches (derecha). El llamado dibujo de *triskelion* (*véase* también página 18) se encuentra, de hecho, en todo el mundo, con muchas variantes y significados culturales.

LA CRUZ Y LA ESVÁSTICA

Una figura hibernosajona utilizada para decorar el asa de un cubo.

La simetría y la repetición tipifican el arte europeo de la Edad del Bronce. Esta figura de bronce (izquierda) sostiene contra su pecho una cruz (1) dentro de un cuadrado (2), y crea cuatro cajas, cada una de las cuales contiene una estilizada esvástica (3), que se cree que representa la imponente fuerza elemental en forma de relámpago.

Los *wicanos* modernos de inspiración celta usan el signo del *triskelion* para representar la idea de la diosa triple que es en parte doncella, en parte madre y en parte bruja. Otras modificaciones del dibujo forman los motivos de tres piernas de la bandera de la isla de Man y de Sicilia, mientras que, al otro lado del mundo, el *sam-taeguk* coreano, tres comas de colores primarios contrastantes entrelazadas y organizadas dentro de un círculo, es una variante oriental que también se hace eco del motivo del *yin-yang*. Algunas personas han afirmado que la fascinación de los antiguos celtas por la triplicación puede tener sus raíces en su idea de lo elemental y los tres reinos de la existencia material: la tierra, el mar y el cielo.

LA ESVÁSTICA
Una esvástica curvada era el emblema de la Sociedad Thule, una orden ocultista de comienzos del siglo XX fundada en el sur de Alemania. Se cree que el programa nacionalista de la organización influyó en el nazismo. El símbolo de la esvástica curvada fue adoptado posteriormente por la división Nordland de las SS en la Segunda Guerra Mundial.

La esvástica

En la actualidad se reconoce de forma inmediata como un icono del movimiento nazi, del siglo XX, pero en realidad tiene una venerable historia. No sólo se encontraba en la Europa de la Edad de Bronce y la Edad de Hierro, sino que también aparecía de forma destacada en las antiguas religiones dhármicas de Asia (*véanse* páginas 104-105). El propio nombre deriva del sánscrito *svástika*, que significa «bienestar». Normalmente se interpreta el motivo como si representara una «cruz solar» con los brazos torcidos para imprimirle una sensación de ímpetu y movimiento.

EL PODER DE LAS RUNAS

La adivinación con runas, la escritura que usaban los pueblos germánicos y escandinavos, es una forma moderna de augurio de inspiración pagana. En *De Germania*, Tácito describía cómo la gente, en las tierras germánicas del norte, solía hacer marcas en ramitas y lanzarlas para hacer augurios. Los gurús de la New Age han inventado sistemas adivinatorios que usan fichas marcadas con runas, al estilo de las lecturas del *I Ching* o de las cartas del tarot.

Una piedra conmemorativa vikinga del siglo XI muestra un popular dibujo de serpiente tallado, que indica cómo debería leerse la inscripción rúnica: a lo largo del cuerpo de la serpiente, de la cabeza a la cola. Fue erigida en Gripsholm, Suecia, por una madre que lloraba la muerte de sus hijos Harald e Ingvars, a quienes alababa por haber «alimentado al águila» (es decir, por haber dado muerte a muchos en combate).

El Dios Astado

La idea del dios astado debe mucho a la antropóloga británica Margaret Murray, cuya obra de 1921 *El culto de la brujería en Europa occidental* fue un texto esencial en el desarrollo de la tradición de la *wica* moderna. Murray sostenía que las brujas medievales eran las herederas de una antigua religión clandestina cuyo origen se remontaba a la época prehistórica y cuyo centro era una deidad masculina astada (*véase* izquierda, aquí en la forma de Pan, el dios macho cabrío griego). Los celtas veneraban a esta divinidad como Cernunnos, Señor de los Animales, asociado con la fertilidad y la caza. Posteriormente, muchos estudiosos criticaron las teorías de Murray y cuestionaron su uso de las fuentes. Bajo la influencia feminista, muchos grupos *wicanos* han sustituido al Dios Astado por una figura de la Diosa Madre, a menudo representada como una triple diosa en forma de tres fases lunares.

El Pentáculo

La palabra «pentáculo», que a menudo se trata como si fuera sinónima del pentagrama (*véanse* páginas 13-14), el cual ha sido célebre durante mucho tiempo como símbolo mágico, también se usa en los círculos *wicanos* para referirse a los talismanes de papel, pergamino o metal que se usan en las invocaciones mágicas. A veces, estos muestran símbolos protectores entre los que puede haber pentagramas, aunque es igual de probable que aparezcan en ellos hexagramas y cuadrados mágicos. El propio pentagrama, inscrito dentro de un círculo, está aceptado actualmente por el Departamento de Asuntos de Veteranos de Estados Unidos como un marcador de lápida mortuoria para las tumbas *wicanas* en los cementerios militares.

BIBLIOGRAFÍA COMPLEMENTARIA

DICCIONARIOS DE SÍMBOLOS Y OTRAS OBRAS GENERALES

Battistini, Matilde, *Symbols and Allegories in Art*, Getty Publishing, 2005 (trad. cast.: *Símbolos y alegorías*, Electa, 2003).

Becker, Udo, *The Continuum Encyclopedia of Symbols*, Continuum, 2000.

Brewer's Dictionary of Phrase and Fable, Wordsworth Editions, 1993.

Carr-Gomm, Sarah, *Dictionary of Symbols in Art*, Duncan Baird Publishers, 2000.

Chevalier, Jean y Gheerbrant, Alain, *The Penguin Dictionary of Symbols*, Penguin Reference, 1996 (trad. cast.: *Diccionario de los símbolos*, Herder, 2000).

Cirlot, J. E., *A Dictionary of Symbols*, Dover, 2002 (trad. cast.: *Diccionario de símbolos*, Siruela, 2007).

Cooper, J. C., *An Illustrated Encyclopedia of Traditional Symbols*, Thames & Hudson, 1979 (trad. cast.: *Diccionario de símbolos*, Gustavo Gili, 2004).

Eliade, Mircea, *The Myth of the Eternal Return*, Princeton University Press, reeditado en 2005 (trad. cast.: *El mito del eterno retorno*, Alianza, 2008).

Eliade, Mircea y Mairet, Philip, *Images and Symbols*, Princeton University Press, 1991 (trad. cast.: *Imágenes y símbolos*, Taurus, 1999).

Fontana, David, *The Secret Language of Symbols*, Duncan Baird Publishers, 2001 (trad. cast.: *El lenguaje de los símbolos*, Naturart, 2003).

Fraser, sir James, *The Golden Bough*, Wordsworth Editions, reeditado en 1993 (trad. cast.: *La rama dorada*, Fondo de Cultura Económica de España, 2005).

Hall, James, *Dictionary of Subjects and Symbols in Art*, John Murray, 1989 (trad. cast.: *Diccionario de temas y símbolos artísticos*, Alianza, 1996).

Impelluso, Lucia, *Nature and its Symbols*, Getty Publishing, 2005 (trad. cast.: *La naturaleza y sus símbolos*, Electa, 2003).

Jung, Carl Gustav, *Man and his Symbols*, Laurel Press, reeditado en 1997 (trad. cast.: *El hombre y sus símbolos*, Paidós, 2002).

Leach, Maria y Jerome Fried, *Funk & Wagnall's Standard Dictionary of Folklore, Mythology, and Legend*, Harper San Francisco, 1984.

Liungman, Carl G., *Symbols - Encyclopedia of Western Signs and Ideograms*, HME Publishing, 2004.

O'Connor, Mark y Airey, Raje, *Symbols, Signs and Visual Codes*, Southwater, 2007.

Pickering, David, *Cassell Dictionary of Superstitions*, Brockhampton Press, 1998.

Tresidder, Jack, *1001 Symbols*, Duncan Baird Publishers, 2003 (trad. cast.: *1001 Símbolos*, Grijalbo, 2004).

Tresidder, Jack (ed.), *The Complete Dictionary of Symbols in Myth, Art and Literature*, Duncan Baird Publishers, 2004.

GUÍAS SOBRE SÍMBOLOS DE TRADICIONES INDIVIDUALES

Beer, Robert, *The Encyclopedia of Tibetan Symbols and Motifs*, Shambhala, 1999.

Black, Jeremy, Green, Anthony y Rickards, Tessa, *Gods, Demons and Symbols of Ancient Mesopotamia*, British Museum Press, 1992.

Buckland, Raymond, *Signs, Symbols and Omens: An Illustrated Guide to Magical and Spiritual Symbolism*, Llewellyn Publications, 2003.

Burns, Cathy, *Masonic and Occult Symbols Illustrated*, Sharing, 1998.

Eberhard, Wolfram, *A Dictionary of Chinese Symbols*, Routledge, 1988.

Frankel, Ellen, y Platkin, Betsy, *The Encyclopedia of Jewish Symbols*, Teutsch Jason Aronson, 1996.

Marrs, Texe, *Codex Magica: Secret Signs, Mysterious Symbols, and Hidden Codes of the Illuminati*, RiverCrest Publishing, 2005.

Miller, Mary y Taube, Karl, *An Illustrated Dictionary of the Gods and Symbols of Ancient Mexico and the Maya*, Thames & Hudson, 1997.

Owusu, Heike, *African Symbols*, Sterling, 2007.

Owusu, Heike, *Symbols of Native America*, Sterling, 1999.

Wilkinson, Richard H., *Symbol and Magic in Egyptian Art*, Thames & Hudson, 1999 (trad. cast.: *Magia y símbolo en el arte egipcio*, Alianza, 2003).

Williams, C. A. S., *Chinese Symbolism and Art Motifs*, Tuttle Publishing, 2006.

Zimmer, Heinrich, *Myths and Symbols in Indian Art and Civilization*, Princeton University Press, 1992 (trad. cast.: *Mitos y símbolos de la India*, Siruela, 2001).

ÍNDICE

AGRADECIMIENTOS

Créditos de las ilustraciones

El editor desear dar las gracias a las siguientes personas, museos y archivos foto-gráficos por permitir la reproducción de su material. Se ha tratado por todos los medios de localizar a los titulares de los derechos de reproducción. No obstante, si hemos omitido a alguien pedimos disculpas y, si se nos informa de ello, realizaremos las correcciones pertinentes en posteriores ediciones.

Abreviaturas:
BAB   Biblioteca de Arte Bridgeman
AWF   Archivo Werner Forman

Página 1 © Los miembros del Consejo de Administración del Museo Británico; **81** Museo Nacional de Egipto, Cairo/BAB; **85** Archivo de imágenes/fotografías de Robert Harding; **87** © Los miembros del Consejo de Administración del Museo Británico; **91** © Los miembros del Consejo de Administración del Museo Británico; **93** Museo Victoria y Alberto; **97** Museo Victoria y Alberto; **99** © Los miembros del Consejo de Administración del Museo Británico; **103** © Los miembros del Consejo de Administración del Museo Británico; **107** Corbis Sygma/Desai Noshir; **110** The Wellcome Collection/Michael Holford; **113** BAB/Colección privada; **115** Archivo Iconográfico, S.A./Corbis; **116** Cortesía del Museo Judío de Londres; **118** Archivos Alinari; **121** Edifice; **122** © Los miembros del Consejo de Administración del Museo Británico; **125** Musée du Louvre/Art Archive/Gianni Dagli Orti; **126** AWF/Colección Privada; **129** © Comunidad Internacional Bahaí; **131** Archivos Alinari; **135 superior** Corbis/Sandro Vannini; **135 inferior** John Heseltine; **136** Corbis Sygma/Origlia Franco; **144** AKG-Images; **149** Musée du Grand Orient/Art Archive/Marc Charmet; **151** Museo de Barcos Vikingos, Bygdoy/AWF; **152** Corbis/Kevin Schafer